Gerta Butler

Tor zum Kosmos

Gerta Butler

TOR ZUM KOSMOS

ch. falk-verlag

Aus dem Amerikanischen
von Ch. Falk, Ch. Sautter,
H. Pander u. B. Leupold

Titel des Originals:
Living at the Gateway to the Cosmos

2. Aufl., Februar 1989

Umschlaggestaltung: Manuela Rosenkind

Satz: Indragni, Ascheberg-Herbern
Druck: F. Steinmeier, Nördlingen

Printed in Germany
ISBN 3-924161-16-x

Inhalt

Widmung

Lachen ist der Seele Sonnenschein,
Freude das Elixier des Lebens.
Dieses Buch ist all denen gewidmet,
die gerne wachsen und die Verantwortung
dafür übernehmen.

Cantor

Vorwort

Dieses Buch ist ein Handbuch, das geschrieben wurde, um dir dabei zu helfen, Spiritualität und irdisches Leben harmonisch miteinander zu verbinden. Die Methoden in diesem Buch habe ich in den letzten vier Jahren mit der großzügigen und unermüdlichen Hilfe vieler spiritueller Lehrer gesammelt. Sie werden selbst auf diesen Seiten zu Wort kommen, indem sie Werkzeuge und Mittel zur Verfügung stellen, die jedermann benutzen kann. Es ist Cantor, Avatar der Zentralen Sonne, der diese Reise leitet. Zusammen mit der stets bereiten Hilfe von Vywamus, dem Seelenaspekt von Sanat Kumara, der sanften Führung und dem liebevollen Verständnis von Djwhal Khul und vielen anderen beginnt diese Reise zu deinem Höheren Selbst.

Dieses Buch ist für jene geschrieben, die arbeiten wollen, und nicht für die, die nur reden. Seine vereinfachende Darstellungsweise garantiert rasche Erfolge und die spirituelle Mithilfe aller Lehrer, die im Buch erwähnt sind. Es ist mein großer Wunsch und meine Freude, die Methoden mit euch zu teilen, die mein Leben verändert haben, so daß ich jetzt manifestieren kann, was ich wünsche. Aber für Wachstum und Vervollkommnung gibt es nie ein Ende. Ich fahre damit fort, diese Methoden für mich zu benutzen. Für einen „Kanal“ und Vermittler (facilitator) ist es entscheidend, ein reines Instrument (den physischen Körper) zur Verfügung zu haben, um jenen hohen kosmischen Schwingungen gewachsen zu sein, denn sie verstärken das, was vorhanden ist. Sie würden schmerzhaft und unerträglich werden, während man eine Behandlung übermittelt. Ich selbst bekomme zwei Behandlungen pro Woche, um immer in Kondition zu bleiben.

Ich möchte meiner Verlegerin, Christa Falk, für ihre Ermutigung danken. Und ich möchte der Tibetan Foundation danken, die mich in die *pattern-removal**-Methode einführte und wo ich einige der spirituellen Lehrer kennenlernte. Meinen ganz besonderen Dank und meine Anerkennung spreche ich meinem Sohn Adrian aus, der mich geduldig in den Gebrauch des Computers einzuweisen versuchte und dabei endete, daß er das meiste selbst tat.

Gerta Butler

* eine Methode, falsche Denkmuster aufzulösen; siehe Kapitel 2

Kapitel 1

Was beeinflußt die physische Struktur und weshalb ist der Körper so wichtig?

Dieses Buch ist ein Lehrbuch, und ich, CANTOR, möchte euch, die ihr es lesen werdet, meine Energien zur Verfügung stellen, um euch dabei zu helfen, Frieden und Harmonie zu finden, während ihr auf der physischen Ebene weilt.

Ihr habt euch dafür entschieden, auf der Erde zu sein und mit ihren Energien in Austausch zu treten, und nicht dafür, sie auszuschließen und statt dessen nach eurer spirituellen Herkunft zu verlangen, nach eurem Zuhause. Man könnte sagen, ihr seid zur Erde gekommen, um die spirituellen Energien mit den irdischen Energien zu verbinden.

Jeder einzelne von euch hat eine besondere Aufgabe, eine besondere Energie-Formel, an der er arbeitet. Für jeden von euch ist es wichtig, daß er das vollkommene Gleichgewicht erlangt, das die Erde sucht. Ihr kamt, um ihr bei dieser Suche zu helfen. Jeder von euch hat eine Mission zu erfüllen, auch wenn ihr euch dessen nicht bewußt seid. Eure Seele führt euch, und dasselbe tue ich und viele andere Lehrer. Ich bin Cantor und komme von der Zentralen Sonne. Ich bin die Zentrale Sonne und übermittle durch diesen Kanal* die Energien der Zentralen Sonne an eure Erde. Gerta ist nur ein Fokus. Es gibt noch sieben andere. Meine Energien helfen der Erde, sich zu heilen, und sie helfen auch euch dabei, euch selbst zu heilen. Sie sind da, um euch beizustehen, eure

* Ein *Kanal* oder *Channel* ist ein bewußter Übermittler von Energien, die von kosmischen Wesen herrühren; sie werden in Worte, Töne, Farben oder Bewegungen übersetzt.

Aufgabe zu erfüllen und das Ziel, das ihr euch gesteckt habt, zu erreichen. Ihr habt ein äußerst feinfühliges Instrument erhalten — nämlich eure physische Struktur —, das euch darin unterstützt, die irdischen Energien zu klären und sie in eine höhere Dimension zu heben.

Es sind viele von uns, die hier ihre Gaben darbieten, um euch dieses Gleichgewicht erreichen zu helfen. Und ich bin hocherfreut, euch mit unseren Methoden bekannt zu machen. Es sind viele verschiedene Methoden und viele verschiedene Wesen, die euch durch dieses Buch geleiten. Ich selbst bringe euch den Blickpunkt der Zentralen Sonne mit ihrem klaren und präzisen Verständnis im Umgang mit Energien, die sich in besonderer Weise zur Heilung eurer vier Körper — den physischen, emotionalen, mentalen und spirituellen — eignen.

Auf dieser gemeinsamen Reise werden wir all die verschiedenen Aspekte berühren, die mit eurem irdischen Leben zusammenhängen und der Heilung bedürfen.

Immer wieder werde ich auf die Verbindung mit eurer Erde hinweisen, denn dies, meine Lieben, ist so wichtig zu dieser Zeit. Die Hilfsmittel, die ich und die anderen euch geben werden, können von jedermann benutzt werden. Es steckt keine besondere Kraft hinter ihnen. Die Aktivierung eures Willens, eures Mentalkörpers, ist es, die diesen Werkzeugen Kraft verleiht.

An diesem Punkt nun lade ich euch ein, meine Energien zu erspüren. Macht euch vertraut mit meinen Energien, damit ihr wißt, daß es mich wirklich gibt. Setzt euch aufrecht hin und entspannt euch, so gut ihr könnt. Am besten sitzt ihr auf einem geraden Stuhl, eure Füße fest auf den Boden gestellt. Das verbindet euch mit der Erde. Richtet eure Aufmerksamkeit nun auf das Kronen-Chakra, das sich in der Mitte ganz oben auf eurem Kopf befindet und öffnet es weit. Stellt euch eine Falltür vor, die ihr weit aufmachen könnt. Erlaubt nun meinen Energien, die gegenwärtig sind, in euer Kronen-Chakra einzutreten und hinunter in euer Herz-Chakra zu fließen. Wenn sie das Kehlkopf-Chakra, das sich dort befindet, wo Nacken und Brust aufeinandertreffen, nicht passieren können, bringt die *violette* Flamme* in dieses Gebiet. Konzentriert euch für ein paar Sekunden darauf und versucht dann noch einmal, meine Energien durchzubringen. Es mögen sich da Erfahrungen aus vergangenen Leben festgesetzt haben, die noch nicht voll verarbeitet worden sind und Widerstand hervorrufen.

Nun nehmt meine Energien durch euer Herz-Chakra wahr. Neben dem prickelnden Gefühl, das ihr vielleicht spürt, ist noch eine andere Qualität da. Nehmt euren Emotionalkörper zu Hilfe, um herauszufinden, was es ist. Setzt euer Unterscheidungsvermögen ein. Ist es eine Vibration der Liebe, die euch Vertrauen und Frieden gibt? Erspürt die Reaktion eures physischen Körpers. Was sagt er euch? Nehmt Fühlung mit ihm auf! Das wird euch helfen, Energien zu unterscheiden; auch solche, die unerwünscht sind, wenn sie in eure Aura oder eure nächste Umgebung eindringen. In eurem Bemühen, das zu integrieren, was noch ungelöst ist, werdet ihr mit vielem konfrontiert werden. Eine klare physische Struktur wird es euch ermöglichen, allem immer um eine Nasenlänge voraus zu sein, Gefahr zu spüren, die Klarheit oder Unklarheit von anderen, die euch berührt, wahrzunehmen und zu wissen, welche Nahrung und Zusatzstoffe euch guttun.

Ich segne euch mit meinen Energien. Ich kann eure Stärken und Fähigkeiten sehen. Ich kann eure Möglichkeiten wahrnehmen, mehr Sinn in euer Leben auf der Erde zu bringen. Ich bin gewillt, euch dabei zu helfen.

* Violett dient in besonderer Weise der Reinigung. (Anm. d. Übers.)

Verantwortung übernehmen

Ich bin HELIOS, der Logos eurer Sonne. Ich freue mich, daß Cantor mich gebeten hat, über Verantwortung zu sprechen. Und ich möchte jetzt gerne euch, die Leser dieses Buches, mit meiner Energie bekannt machen. Benutzt die Methode, die euch Cantor gegeben hat, um meine Energie durch euer Kronen-Chakra hereinzuziehen.

Viele von euch arbeiten schon auf einer inneren Bewußtseinsebene mit mir oder bringen mich durch ihren ‚Kanal' zum Ausdruck. So fahrt fort damit und spürt nun einen Aspekt meiner Energien ... Ich sage ‚Aspekt', denn ich bin so vielfältig und kann mit vielen von euch zu gleicher Zeit kommunizieren. Erlaubt es meinen Energien, sich in eurer ganzen physischen Struktur auszubreiten und euch mit ihnen vertraut zu machen ... Nicht jeder wird sich von mir angezogen fühlen. Eure Körperreaktion wird es euch sagen. Laßt die Entscheidung, die ihr trefft, zu. Ich erlaube es bestimmt, meine Lieben! Gut so!

Jetzt, da ihr wißt, wie ich mich anfühle und daß ich wirklich existiere, möchte ich euch gerne sagen, wieviel es mir bedeutet, mit euch in Kontakt zu treten und euch dabei zu helfen, eure physische Struktur und das irdische Leben besser zu verstehen! Ich bin so eine Art Experte auf diesem Gebiet und komme und teile dieses Wissen jetzt mit euch auf verschiedene Weisen. Wißt ihr, daß jedesmal, wenn ihr meinen Namen aussprecht, mein Bewußtsein zu euch hingezogen wird und ich einen Teil meiner Aufmerksamkeit auf euch richte, um zu sehen, wie ich euch dienlich sein kann? Durch Dienen entwickelt man sich. Ja, auch ich entwickle mich noch weiter. Ihr müßt nicht warten, bis ihr vollkommen seid, um dienen zu können. Ihr könnt anderen in jedem Stadium eurer Entwicklung helfen. Der springende Punkt ist, daß ihr Verantwortung für eure Schöpfung übernehmt. Alles, was ihr tut, denkt oder unterdrückt, ist Schöpfung.

Nun, inwiefern beeinflußt Verantwortung die physische Struktur? Ihr glaubt vielleicht, daß keiner sieht, was ihr tut oder nicht tut. Ja, aber euer Körper, euer Bewußtsein weiß es und reagiert darauf.

Nehmt einmal an, ihr seid in einer Zweierbeziehung, und der eine macht den anderen verantwortlich für das, was nicht stimmt zwischen euch. Da übernimmst du deinen Anteil an diesem unklaren Bereich in eurer Beziehung nicht, mein Freund! Kannst du das sehen? Wie kannst du ein Gebiet klären, wenn du nicht die Verantwortung dafür übernimmst? Wie kannst du es ändern?

Du glaubst vielleicht, daß es kein Leben nach dem Tode gibt. Warum also sich abmühen und andere lieben und ihnen helfen wollen? Weil du also nicht an ein Leben nach dem Tode glaubst, übernimmst du die Verantwortung für deine Taten im Hier und Jetzt nicht. In einigen Fällen akzeptierst du sie, aber wie steht's zum Beispiel mit den Fragen, die die ganze Menschheit betreffen? Oder wie ist's um deine Verantwortung für dieses wunderschöne, smaragdgrüne Juwel bestellt, daß ihr die Erde nennt? Glaubst du, daß es verantwortlich ist, die Gewässer, den Boden und die Luft zu vergiften? Abgesehen davon, daß sich die Großindustrie unverantwortlich zeigt — was ist mit dir? Sieh dir deinen Teil an und kläre ihn. Solch unverantwortliches Handeln zieht deine Physis ebenso in Mitleidenschaft wie eure Erde! Wie steht es mit der Angst vor Veränderung und dem Hineinwachsen in unbckannte Gebiete? Steht die Angst vor der Verantwortung dahinter? Und was ist mit Alkohol, Süßigkeiten und Drogen? Es ist unverantwortlich gegenüber deinem Körper.

Der ewige Prozeß des Werdens erlaubt es euch, all diese Dinge zu tun. Ihr seid frei, zu schaffen, was ihr wollt. Das bedeutet, daß ihr auch unverantwortlich sein könnt. Aber euer Leben auf der Erde spiegelt eure unklare Schöpfung wider, und eure Physis tut dasselbe. Dadurch, daß du krank wirst, signalisiert dir dein Körper, daß etwas, was du schaffst, nicht in Ordnung ist, daß es geändert werden muß. Übernimm die Verantwortung dafür, und du kannst wieder in Ordnung kommen! Du wirst dadurch wieder gesund, daß du die volle Verantwortung übernimmst. Denn dann, mein Freund, wirst du dein Leben ändern, dein Denken ändern und dein Handeln.

Jenen, die es mir erlauben, ihnen ein Geschenk zu machen, gebe ich freudigen Herzens die folgende Übung:

Sitz still, die Füße fest auf der Erde und empfange meinen Körper, der die Sonne ist, wie du sie kennst, wie du sie siehst. Laß meine Strahlen in deinen Körper eindringen, und ich werde deine dunkelsten Winkel erhellen. Während ich das tue, durchforsche deinen Körper, nimm Fühlung mit ihm auf, indem du dich ganz auf ihn konzentrierst. Der Grad der Heilung, den du erfährst, hängt direkt vom Grad der Aufmerksamkeit ab, die du deinem Körper zuteil werden läßt. Nimm dir die Zeit, dieses außerordentliche Geschehen zu erleben. Du mußt es zulassen, wenn du davon profitieren willst. Laß meine Sonnenstrahlen in deinem Herzen tanzen und dich nähren auf dieser Reise des Werdens. Ich bin Helios und segne dich.

Chakra-Ausgleich

Ich bin DJWHAL KHUL, der Tibeter, der auf eurer Erde gelebt und schon mit vielen von euch auf verschiedenen Ebenen in Beziehung gestanden hat. Es ist mir eine große Ehre, mit euch, die ihr noch nie von mir gehört habt, durch dieses Buch in Kontakt zu kommen. Erlaubt mir, euch mit meinen Energien vertraut zu machen. Empfangt sie durch euer Kronen-Chakra ... und laßt sie in euer Herz-Chakra eintreten ... dadurch, daß ihr euch entspannt und wißt, daß meine Energien da sind, um euch zu führen und zu helfen und nicht, um euch zu schaden. Ich weiß, daß viele von euch tiefsitzende Ängste vor spirituellen Energien haben, weil sie glauben, daß sie ihren Körper auslöschen. Ich habe Verständnis dafür und gebe euch jetzt die Möglichkeit, euch dafür zu entscheiden, diese Ängste gehen zu lassen. Ich werde mit euren ‚Programmierungen' arbeiten und das momentane Energieschema — mit eurer Erlaubnis — in ein frei fließendes verwandeln ... Sehr gut!

Durch diese Arbeit mit mir werdet ihr ein klares Verständnis von den Chakren und ihrem Einfluß auf die physische Struktur sowie dem dadurch erreichten Ausgleich gewinnen. Ich bin Experte auf diesem Gebiet, oder vielmehr ist es so, daß es mir Spaß macht, mit den Chakren zu arbeiten, denn ich weiß, wie entscheidend sie für eure tägliche Schöpfung sind.

Ihr seid mir alle sehr teuer. Ich fühle mich euch sehr nahe, und es macht mir große Freude, wenn ich sehe, daß ihr mehr Klarheit gewinnt, mehr ins Gleichgewicht kommt durch unsere Arbeit. Die Chakras spielen eine wichtige Rolle. Im Energiekörper befindlich, wirken sie indirekt auf den physischen Körper ein und beeinflussen den täglichen Schöpfungsprozeß. Es gibt viele Chakren, aber ich möchte mich um des besseren Verständnisses willen hier nur mit 10 von ihnen beschäftigen.

Jedes Chakra hat eine bestimmte Funktion oder Aufgabe und ein bestimmtes Energieschema. Wenn in einem von ihnen Unklarheit herrscht, sei es, daß es verzerrt ist oder verschlossen, wird es den freien Fluß der Energie in deinen vier Körpern stören oder begrenzen. Auch deine Organe werden davon berührt. Deine Verbindung zur Erde und zum spirituellen Reich wird darunter leiden oder blockiert sein. Deshalb empfehle ich, daß ihr eure Chakras — wie eure Zähne — jeden Tag reinigt. Ich werde euch zeigen, wie, wenn wir die einzelnen Chakras durchsprechen. Laßt uns mit dem Kronen-Chakra beginnen.

Das Kronen-Chakra stellt die Verbindung zu den höheren Chakras her; es ist euer Zugang zum Spirituellen: das Tor, sozusagen, durch das ihr eure Seelen-Energie empfangt. Gleichzeitig aber arbeitet es auch mit den physischen Energien. Durch diesen Energiepunkt tankt ihr buchstäblich auf, zieht ihr Energien in euch herein. Wenn ihr dieses Gebiet verschließt, wird der physische Träger nicht mehr richtig funktionieren. Ihr werdet euch kraftlos fühlen, erschöpft und leicht außer Atem kommen. Ihr werdet nicht gleich aufhören zu funktionieren, weil euer Körper in ‚Taschen' Energie hortet, die in eurem Energiekörper verteilt sind. Und warum überleben dann Leute, die ihr Chakra verschlossen haben? Deshalb, weil sie die falsche Überzeugung nicht teilen, daß sie sterben müssen, wenn ihr Kronen-Chakra zu ist. Es ist alles eine Sache des Glaubens, mein Freund! In der Vergangenheit haben sich Leute der physischen Existenz allein dadurch entzogen, daß sie ihr Kronen-Chakra verschlossen und dann den Übergang vollzogen. Das ist dasselbe wie Selbstmord zu begehen und nicht wünschenswert. Denn man muß zurückkommen und das ausarbeiten, was diese Art der Behandlung zuerst angezogen hat.

Chakras:

1 Kronen-
2 Drittes Auge
3 Kehlkopf-
4 Herz-
5 Solarplexus-
6 Polaritäts-
7 Basis- oder Wurzel-
8 Knie-
9 Fuß-
10 Neuntes Ch.

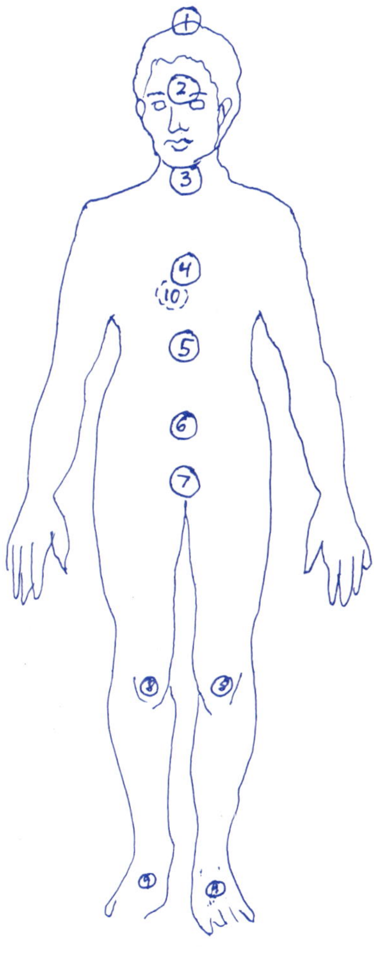

Die Energie des Kronen-Chakras ist auf äußerst komplizierte Weise verwoben. In eurer Vergangenheit ist es der tausendblättrige Lotus genannt worden. Viele verschiedene Schichten müssen entfaltet werden, bevor es vollständig geöffnet ist. Jeder kleine Schritt trägt dazu bei. Seid nicht besorgt oder entmutigt. Versucht es statt dessen mit dieser Übung:

Sieh dieses wunderbare Energiefeld als eine runde Scheibe. Bringe die violette Flamme hinein und weite, während du dich auf sie konzentrierst, dieses Chakra mit dem Violett aus. Der *Wille* ist das mächtigste Werkzeug, das ihr bisher entwickelt habt. Nutzt ihn, um dieses Chakra zu klären. Die Farbe *violett* hilft dir, das umzuwandeln, was unklar ist und festsitzt.

Gut so ..., laß das Violett gehen und bringe die Farbe *blau* herein. Es ist ein Pfauenblau. Richte deine Aufmerksamkeit ein paar Sekunden lang darauf ... Es dauert nicht lange, wenn du dich voll darauf konzentrierst. Erinnere dich, dein Wille ist die stärkste schöpferische Macht, die dir zur Verfügung steht ... Laß es nun gehen und fühle deine ganze Kopfgegend. Spürst du die Aktivierung — dieses prickelnde ‚Lebendig-sein' — fühlst du dich leichter, weiter? Dann mache diese Übung oft, mein Freund, denn sie wird dir helfen.

Die Farben, die ich benutze, sind allgemein. Wenn du Farben sehen kannst, und du siehst eine andere als die, die ich dir gab, akzeptiere sie. Vertraue dir selbst! Der Gebrauch von Farben ist sehr persönlich. Aber das bedeutet nicht, daß die allgemeinen Farben, die ich dir gebe, nicht gültig sind. Ich werde darüber in einem späteren Kapitel sprechen.

Wir wollen uns nun deinem Dritten Auge zuwenden. Dieses Chakra liegt zwischen deinen Augenbrauen, oberhalb des Nasenrückens. Sieh es als eine runde Scheibe, die du mit Hilfe der *violetten* Flamme klärst, sorgfältig darauf achtend, daß keine Beulen in der Scheibe sind. Wisse, daß es gelingt, daß die Ergebnisse kommen, auch wenn du nichts fühlst. Einige können noch nicht viel in ihren vier Körpern spüren, und das ist in Ordnung. Es wird kommen. Bringe die Farbe *gold* herein und weite dieses Chakra aus ... weite es mit dem Gold aus ... weite es aus! Es kann ein bißchen weh tun, denn das Chakra wird stimuliert, und ich helfe mit meinen Energien nach. Fühle die Tiefe davon ... Und nun kommt ein goldener Strahl aus deinem Dritten Auge und verbindet dich mit der gesamten Schöpfung. Das wird sich für jeden von euch unterschiedlich anfühlen, dann ihr habt unterschiedliche Vorstellungen davon, was die Schöpfung ist. Meine Lieblingsparabel dazu ist folgende: Da ist dieser prächtige Elefant, und er geht auf eine Gruppe blinder Leute zu. Man sagt ihnen, daß das ein Elefant sei und sie ihn berühren können. Und wie sie es tun, bekommen ihn einige am Schwanz zu fassen und glauben, daß dies der Elefant ist. Andere erwischen ein Ohr oder ein Bein oder den Rüssel, und jeder von ihnen ist überzeugt davon, daß das tatsächlich der Elefant ist. Und wißt ihr was? Alle haben sie recht. Jeder bekam einen Teil des Elefanten zu fassen, und keiner sah das ganze Bild, solchermaßen annehmend, daß sein Teil der ganze Elefant war. Das Ziel ist also, zu versuchen, das ganze Bild zu sehen.

Manche Lehrer befürworten die Ausbildung des Dritten Auges im besonderen. Aber das hieße, es aus dem Zusammenhang mit den übrigen Energiefeldern herauszunehmen. Ich lehre das nicht, denn ich halte das nicht für angemessen. Und so will ich diese Praxis nicht ermutigen. Dieses Energiezentrum braucht den Ausgleich durch die anderen Chakras, um ein volles Verständnis der anderen Ebenen und höheren Energieformate zu erbringen. Nun, wie weißt du, ob dein Drittes Auge geöffnet ist? Wenn du eine Erfahrung hattest, als befändest du dich im Traumzustand, doch dir vollkommen bewußt war, daß du selbst es warst, der jedes Detail dieses Traumes erfuhr, und du beobachtetest, wie ein Teil von dir schlief, während der andere Teil deiner selbst hellwach war. Du hast nicht phantasiert, du bist nicht verrückt. Du hast diese Episode mit deinem Dritten Auge wahrgenommen. Es war eine Andeutung davon, was es heißt, mit dem Dritten Auge zu sehen. Freu' dich darüber.

Nun, da ich dieses Chakra für dich stimuliert oder, sagen wir, dir dabei geholfen habe, fühle den Unterschied zwischen jetzt und vorher. Vergleiche immer, mein Lieber! Das gibt dir die Sicherheit, daß diese Methoden wirksam sind, und dein Erfolg wird dadurch größer sein. Halte diese goldene Farbe so leuchtend, so blankpoliert wie möglich. Wir haben sie poliert, und sie blitzt und blinkt jetzt ganz neu.

Richte jetzt deine Aufmerksamkeit auf das Kehlkopf-Chakra. Ich habe schon gesagt, wo es ist. Sieh dieses Energiefeld als eine runde Scheibe und bringe die *violette* Flamme hinein. Konzentriere dich für ein paar Sekunden darauf ... Laß diese Farbe nun gehen und bringe ein wundervoll leuchtendes *Gelb* herein und weite dein Kehlkopf-Chakra mit dieser Farbe aus. Gut ... ausgezeichnet! Dieses Chakra ist der Sitz deines *Willens* und deiner *Entscheidungs*fähigkeit, esoterisch gesprochen. Im physischen Bereich sprecht ihr dann von Willen, wenn es sich darum handelt, etwas zu bekommen, auch wenn es euch Anstrengung kostet. Ist es nicht so? Auf einer höheren Ebene bedeutet das, den Willen dafür einzusetzen, das Verständnis anzuheben und das zu wollen, was dem Besten der ganzen Menschheit dient.

Denjenigen unter euch, die nicht zum Ausdruck bringen können, was sie fühlen und denken, sei gesagt, daß es recht wahrscheinlich ist, daß eine Menge Energie in diesem Gebiet feststeckt. Ich möchte dir helfen, diese Hemmungen abzubauen! Nimm einen spirituellen Finger — ja, du hast so etwas — und mache ein Loch in dein Kehlkopfgebiet. Stelle es dir einfach vor! Mit Hilfe deines Willens ziehe heraus, was unklar ist. Auch wenn du die dunklen, zähflüssigen, unklaren Energien nicht sehen kannst, wisse, daß es trotzdem geschieht.

Arbeite ein paar Minuten an diesem Gebiet, denn es ist vergiftet und braucht Reinigung. Wenn deine Aufmerksamkeit abschweift, bringe sie sanft zurück und fahre damit fort, diese feststeckenden Energien herauszuziehen, bis eine helle Farbe zum Vorschein kommt.

Wenn du das getan hast, schließe das Loch mit deiner spirituellen Hand. Diese Säuberung von feststeckenden Energien darfst du nur jeden zweiten Tag vornehmen, denn es vergeht mindestens ein Tag, bevor dein Unterbewußtsein bereit ist, wieder etwas herzugeben. Und wiederum vergleiche, nachdem du jetzt Kontakt zu deinem Kehlkopf-Chakra bekommen hast! Probleme mit dem Hals bedeuten die Unfähigkeit, dich selbst zum Ausdruck zu bringen. Mache diese Übung häufig, und du wirst eine Veränderung in deinen Energiemustern feststellen, die es dir ermöglicht, mit größerer Klarheit zu operieren.

Und nun möchte ich deine Aufmerksamkeit auf dein Herz-Chakra lenken. Symbolisch wird es das Liebeszentrum genannt. Es ist dort, wo die Seelenenergie gefühlt wird, wenn du in Ekstase bist. Es ist deine Seelenenergie, die du erfährst und durch die du mit dem Schöpfer selbst verbunden bist, mit dem höchsten Aspekt des Selbst.

Nun, warum sage ich das? Ich sage es deshalb, weil du Teil des Schöpfers bist, Teil der QUELLE, Teil von Gott — wie immer du es nennen möchtest. Viele von euch wissen das nicht. Sie suchen außerhalb ihrer selbst nach dieser Kraft. Sie mögen keine Verantwortung für diesen Aspekt ihrer selbst übernehmen, und so verleugnen sie ihn. Unbewußt vielleicht, doch sie verleugnen ihn.

Laßt uns dieses Zentrum der Liebe klären und ausweiten. Sieh es als eine wunderschöne üppige und kräftige Lotusblume, die ihre Blütenblätter eins nach dem anderen öffnet. Sieh jedes Blütenblatt als außen *rosa* und innen schimmernd *perlgrau*. Schau diesen Blütenblättern zu, wie sie sich entfalten. Beobachte den Wechsel von perlgrau und rosa! Das wird das gegenwärtige Energiemuster in ein ausgeglicheneres und freier fließendes verwandeln. Wenn du dich dem Mittelpunkt deiner Lotosblume näherst, sieh ein *graues* Mineral dort funkeln. Schau es dir an! Fühle seine Schwingung! Laß sie sich ausbreiten, laß sie dich heilen. Das Mineral hat eine bestimmte Zusammensetzung, die für jeden von euch unterschiedlich ist. Denn eure Bedürfnisse sind verschieden, mein Lieber! Laß deine Aufmerksamkeit noch eine Weile länger auf ihm ruhen. Ich werde diesen Austausch mit dem Mineral beaufsichtigen. Gut ..., sieh nun einen *goldenen* Regenschauer auf diesen Lotus herniederfallen und weite dein Herz-Chakra aus ..., weite es aus ..., weite es aus. Und nun sieh, wie sich dein Herz-Chakra, repräsentiert durch diese Lotusblume, in *rosa* verwandelt, in ein leuchtendes Rosa. Sende diese rosa Energie in deine Nachbarschaft aus! Sende sie aus in eure Erde! In deine Stadt! Schicke sie aus, euren ganzen Planeten einzuhüllen. Fühlt sich das nicht gut an, wenn du deinen Fortschritt mit dem der Erde verbindest? Ich danke dir für deine Bereitwilligkeit, dir die Zeit dafür zu nehmen, diese Liebesschwingung mit anderen zu teilen.

Und nun wollen wir uns auf dein Solarplexus-Chakra einstimmen. Es liegt dort, wo dein Rippenbogen ein V bildet. Fühle dieses Energiezentrum, das häufig aufgewühlt ist und deine Verbindung zum Emotionalkörper darstellt. Jedes emotionale Problem wird hier registriert, und du kannst es fühlen. Wenn zu viele Energien hier feststecken, empfindest du das als Erregung. Stimmt's? Die Energie in diesem Chakra ist wie ein Gitterwerk miteinander verwoben, und wenn es eine kleine Irritation streift, wird das ganze Netz davon betroffen.

Ich möchte dieses Chakra jetzt für dich säubern und stärken. Sieh es als eine runde Scheibe, die du mit der *violetten* Flamme anfüllst, die die Unklarheiten umwandelt. Konzentriere dich für eine halbe Minute darauf. Laß sie gehen. Bringe nun ein *Smaragdgrün* herein, das sehr besänftigend wirkt und die Stimmung hebt. Laß es tief in dieses Energiefeld einsinken. Gut ...

Weil der Solarplexus Traumata aufzeichnet, hat er die Tendenz, „auszulaufen". Die Aura reagiert auf Trauma mit Tränen, so daß Energie auslaufen kann. Nimm deine Hand und halte sie in einem Abstand von ungefähr 30 cm von deinem Körper entfernt. Bewege sie kreisförmig über dieses ganze Gebiet und sei gewiß, daß du es damit zuschließen kannst. Mache das täglich, so wie du dein Haar kämmst.

Und nun bringe eine *goldene Röhre,* die du visualisierst, in dieses Gebiet; ungefähr 2,5 cm im Durchmesser. In dieser Röhre ist eine Saugvorrichtung eingebaut, die du mit deinem Willen in Gang setzt und die all die feststeckende Energie herauszieht, die Schmerzen verursacht. Nutze diese Gelegenheit und tue es jetzt. Laß keinen Widerstand aufkommen und deine Aufmerksamkeit davon ablenken. Du wirst großen Gewinn daraus ziehen, das Solarplexus-Gebiet mit Hilfe dieser Methode zu klären. Gut ..., höre jetzt auf und fühle die Erleichterung. Um dein Solarplexus-Chakra zu stärken, mache das Folgende: Bringe ein *Orangerot* hinein und lasse es herumwirbeln ... Sieh nun, wie eine *violette* Spirale horizontal von außen in deinen Solarplexus eindringt. Verweile ein paar Sekunden bei diesem Bild. Und nun sieh, wie viele *goldene Sterne,* die oben auf diesem Orangerot flackern, wieder und wieder explodieren, bis sie die Energien aufgebrochen haben, die hier gebunden sind.

Du wirst wissen, wann es soweit ist, weil du dich leichter, heiterer und freier fühlen wirst.

Und nun kommen wir herunter zum Sex- oder Polaritäts-Chakra. Es hat seinen Sitz ungefähr eine Handbreit unter dem Nabel. Sieh es als eine runde Scheibe. Benutze deinen spirituellen Finger, um sie rund zu machen und all die Kerben und Risse zu glätten. Gut ... Erfülle dieses Chakra nun mit der *violetten* Flamme, um alle Unreinheiten und alles, was nicht wünschenswert ist, zu beseitigen. Konzentriere dich für eine Weile darauf. Dieses Chakra beinhaltet all das, was sich auf die Polarität männlich/weiblich bezieht. Wie du weißt, bedeutet das viel Kampf, viel Sich-Abschließen, viel Leid und Verleugnung der eigenen Wahrheit. Laß uns diese violette Flamme noch eine Weile länger dalassen. Gut ...

Dieses besondere Chakra ist geteilt in zwei Seiten. Die Trennungslinie in der Mitte ist vertikal und sollte gerade, ohne Unterbrechungen, gesehen werden. Sieh nach, ob sie ihrem Ideal entspricht. Wenn nicht, begradige sie mit deinem spirituellen Finger oder direkt mit deinem Willen.

Nun schau dir diese beiden Seiten an. Wie kommen sie miteinander aus? Der ideale Zustand ist, daß sie beide den gleichen Raum einnehmen und es nicht nötig haben, sich gegenseitig aus ihrem Territorium zu verdrängen. Sie können miteinander in Austausch treten, sollen aber in ihrem eigenen Bereiche bleiben. Was geschieht, wenn die beiden Seiten miteinander in Konflikt stehen? Das, mein Lieber, wird sich in deinem Körper als Schmerz und Krankheit spiegeln!

Es werden in diesem Chakra auch besondere Zeitabschnitte für beide Geschlechter gespiegelt, wie z.B. die Pubertät und die Menopause. Wenn dieses Energiezentrum auf einem geklärten Niveau arbeitet, werden diese Perioden als nicht so unharmonisch erfahren, wie es für viele von euch der Fall ist. Denkt darüber nach.

Und nun will ich dieses Gebiet für dich klären. Bringe ein schimmerndes *Perlgrau* herein und konzentriere dich darauf. Sieh es tief in beide Seiten eindringen, in die männliche und die weibliche. Sieh nun, wie sich ein Austausch vollzieht. Das Perlgrau von der weiblichen Seite wechselt über zur männlichen Seite und umgekehrt das von der männlichen Seite hinüber zur weiblichen. Nimm nun den Wechsel in der Schwingung wahr, indem du deinen ganzen Körper spürst. Setze deinen ganzen Willen darein, denn alle braucht ihr das! Gut ..., füge jetzt die Farbe *silber* zu dem Perlgrau. Bemerkst du die Veränderung? Ich kann es sehen! Versuche es zu fühlen. Ich bin so glücklich, diese „Energie-Wechselschaltung" mit euch zu teilen, denn das macht wirklich einen Unterschied.

Das Polaritäts-Chakra ist auch das Zentrum der Kreativität, das mit dem Überleben auf der Erde zu tun hat. Und es hat auch zu tun mit der Verwirrung der Geschlechter, wenn ihr euch nicht entscheiden könnt, welche Rolle ihr spielen sollt. Viele von euch haben damit zu kämpfen. Laßt mich hier deshalb eine Balance-Übung anfügen, die euer Energieniveau anheben und es klären wird.

Lege dich bequem hin und entspanne dich so vollkommen wie möglich. Schließe deine Augen und begib dich mit deiner Aufmerksamkeit in deinen physischen Körper ... Bringe in deine rechte Seite die Farbe *blau* und in deine linke Seite die Farbe *orange*. Laß beide Farben eine Weile dort bleiben — ungefähr eine Minute lang. Nun sieh, wie Finger von jeder Farbe in die andere Farbe fließen, und laß auch das eine Weile andauern. Richte deine Aufmerksamkeit jetzt auf dein Rückgrat und benutze es als Mixer, der beide Farben miteinander vermischt ... Laß diese Farbmischung in deine Aura hinausfließen, die deine physische Struktur umgibt ... Fühle nun deinen Körper, nimm die Veränderung wahr.

Rechne es dir hoch an, daß du diese Balance zustandegebracht hast — diese neue Entwicklungsstufe, dich *ganz* zu fühlen.

Nun kommen wir zum Basis-Chakra. Es liegt in der Steißbeingegend und repräsentiert die Wechselbeziehung mit der Erde. Dieses Energiemuster operiert in den meisten von euch nicht in seinem Idealzustand, und es spiegelt eure Weigerung wider, eure Energien mit den Energien der Erde zu vermischen. Falsche Anschauungen aus der Vergangenheit sind hier lokalisiert, die euch sagen, daß es das Beste ist, sich mit dem Universum zu verbinden, nicht jedoch mit der Erde. Einige unter euch hatten traumatische Erfahrungen auf der Erde. Ihr fühlt noch immer, daß man der Erde nicht trauen kann, daß sie euch nicht versorgt und nicht hilft. Das sind falsche Glaubenssätze, die ihr mit der Methode, die euch in Kapitel 2 an die Hand gegeben wird, entfernen könnt.

Laß mich nun dein Basis-Chakra klären. Sieh es als eine runde Scheibe. Was ich bei den meisten wahrnehme, sieht mehr wie eine Zigarre aus oder ein Oval. Nimm deinen spirituellen Finger und mach dieses Chakra rund und schicke einen ganzen Arm voll Liebe da hinein. Es ist so lange vernachlässigt worden, laß uns ihm jetzt Nahrung geben und Anerkennung zuteil werden ..., gut ... Bringe ein *Orangerot* herein und blase dieses Chakra mit dieser Farbe wie einen Ballon auf, mache es gesund und voller Energie. Laß diese Gesundheit nun in die Erde fließen. Teile sie mit der Erde. Ausgezeichnet! Kannst du den Unterschied zwischen jetzt und dem Zeitpunkt, als wir mit der Reinigung dieses Chakras anfingen, wahrnehmen? Es ist wichtig, daß das Gewahrsein deines physischen Körpers zunimmt.

Und nun, wo wir es gereinigt haben, wollen wir es nutzen, indem wir Energie durch das Basis-Chakra zur Erde schicken. Bringe in dein Kronen-Chakra die Farbe *blau*. Es ist ein leuchtender Blauton. Laß ihn durch alle Chakras fließen und bis in das Zentrum der Erde hinein. Gut ..., nun bringe ihn wieder in einem Halbkreis herauf vom Mittelpunkt der Erde hoch zu dir, bis er sich wieder mit deinem Kronen-Chakra vereint. Laß diesen Energiekreis dreimal durch dich, in die Erde und wieder aufwärts fließen. Gut ... Eure Erde bedankt sich für diesen Energiezuwachs.

Deine Knie blockieren häufig den Energiefluß von deinem Körper. Laß uns die *violette* Farbe hereinbringen, um sie zu reinigen. Schrubbe deine Knie mit diesem Violett! Mehr, mehr ..., gut! Es gibt Chakras in den Knien, die leicht blockiert werden. Diese Chakras sind lange übersehen worden. Wußtest du, daß es Gehirnzellen in deinen Knien gibt? Bringe jetzt das *weiße* Licht herein, nachdem das Violett den Schutt ausgeräumt hat. Sieh, wie sich die Regenbogenfarben in dem Weiß spiegeln. Wirble diesen Regenbogen herum ..., wirble ihn. Es sind jetzt Öffnungen geschaffen worden, die weit über die physische Ebene hinausgehen.

Nun wollen wir uns auf dein Fuß-Chakra konzentrieren. Es liegt in der Wölbung des Fußes. Bringe *goldenes* Licht herein, um dieses Energiezentrum zu klären. Wirble es herum ..., wirble es ..., gut! Laß das Gold gehen und bringe die Farbe *violett* herein. Richte deine Aufmerksamkeit für ein paar Augenblicke darauf ... Sieh es sich langsam in *rostbraun* verwandeln. Laß diese Farbe in die Erde fließen, nachdem du ihr 30 Sekunden lang zugesehen hast.

Und nun entspanne dich vollkommen. Fühle deinen physischen Körper und deinen Energiekörper. Fühlst du dich belebt und durchpulst von Energie? Eine Veränderung hat in deinem Energiekörper stattgefunden durch den Ausgleich der Chakren. Im folgenden Kapitel will ich, Djwhal Khul, mich näher mit dem Gebrauch des Energiekörpers beschäftigen und damit, wie ein bewußter Austausch mit ihm dein tägliches Leben berührt.

Arbeit mit dem Energiekörper

Energie ist das Medium, wodurch du Erfahrungen machst. Als du aus der QUELLE hervorkamst, wurde dir ein bestimmtes „Energiepaket" auf deine Reise der Individuation mitgegeben. Du kamst als ein göttlicher Funke hervor, den man *Monade* nennt. Als Monade gingst du mit diesen Energien, die dir gegeben worden waren, in ihrem dynamischen, reinen Zustand um. Diese dynamische Energie ermöglichte es dir, deine Schöpfungen auf dem höchsten Niveau hervorzubringen.

Aus der Monade gingen die *Seelen* hervor. Die Energien, die sich in den Seelen ausdrücken, sind heruntertransformiert worden. Du bist ein Ausdruck deiner Seele auf der physischen Ebene, und die Energien sind noch einmal heruntertransformiert worden, um in der dritten Dimension auf deinem Planeten Erde operieren zu können. Jeder Gedanke, jede Handlung ist Energie und geht nicht verloren oder verflüchtigt sich. Sie ist gegenwärtig und um dich, magnetisch mit dir verbunden. Ganz gleich, wie weit du in deiner Evolution zurückgehst, alles, was du je geschaffen hast, ist noch um dich. Deshalb kann jemand, der Energien sehen oder „lesen" kann, mit deiner Einwilligung in deine Vergangenheit zurückgehen und dich lesen wie ein Buch. Die *Akasha-Chronik* ist nichts anderes als ein Buch von Energien, eine Zusammensetzung von Energien. Ich sage nicht, daß jeder dieses Buch lesen kann. Es braucht schon eine gewisse Menge Licht, die sich in Wissen umsetzt, um Zugang zu diesen Aufzeichnungen zu erhalten. Denn ein Wesen mit viel Licht und viel Wissen würde niemals die kosmischen Gesetze mißachten oder mißbrauchen.

Deine Regierung führt Buch über dich, und dasselbe tut die QUELLE. Der einzige Unterschied ist, daß du von der

QUELLE nicht beurteilt wirst.

Es gibt verschiedene Arten von Energie, und wenn du die Energien durch das Chakra empfängst, das dem Herz-Chakra gegenüberliegt, registrierst du, welcher Art sie sind, wo sie hinmüssen und was du mit ihnen tun willst. Wenn es eine Programmierung bezüglich einer bestimmten Energie in dir gibt, kann es vorkommen, daß sie nicht weitergeleitet wird und steckenbleibt. Das wird sich mit Sicherheit auf deine Chakras auswirken. Du magst „Narben" von diesen Energien zurückbehalten, die du nicht annehmen, nicht integrieren und ungehindert weiterleiten kannst.

Was geschieht mit dieser überzähligen Energie, die dein Körper nicht zu handhaben weiß? Nun, sie wird blockiert und verursacht Störung, Krankheit. Im eigentlichen Sinne gibt es so etwas wie Krankheit nicht, sondern nur steckengebliebene Energie. Dieser festsitzenden Energie einen Namen zu geben, trägt wenig zur Heilung bei. Denn es existieren unterbewußte Programmierungen in euch, die auf solche Namen mit Angst und Schrecken reagieren. Das sind negative Gefühle, die einen Großteil eures Lichts verschlingen. Licht — das bedeutet auch Verstehen, Wohlbefinden, Vertrauen, Selbstliebe und Gesundheit.

Energie kann verlorengehen, an den falschen Plätzen angesammelt und blockiert werden, ohne daß du es bemerkst. Im seelischen Bereich magst du eine Übereinkunft mit jemandem darüber haben, daß du deine Energien liebevoll zur Verfügung stellst, wenn Hilfe gebraucht wird. Das kann einen zeitweiligen Abzug deiner Energien bedingen, und du weißt nicht, wo die Ursache liegt. Das Umgekehrte kann auch der Fall sein. Du gehst vielleicht durch eine traumatische Periode der Verwirrung, und ein anderes Wesen hilft dir dabei, dir deinen Weg hindurchzubahnen, indem es dir seine klaren Energien auf diesem Gebiet zu benutzen erlaubt. Es existiert ein Hilfssystem quer durch alle Universen, das den in Not Geratenen hilft, wenn es ihr Lernprozeß gestattet. Es gibt kleine Gruppen von Seelen, die zusammenarbeiten, unabhängig davon, wo sie sich befinden. Deshalb ist Unterstützung von der Gruppe so wichtig und notwendig für deine Entwicklung. Ich weiß, daß sich viele von euch alleine sicherer fühlen; doch deckt eine Gruppe ein viel breiteres Spektrum an Energien ab, zu denen der einzelne dann Zugang hat. Die Stärke des einen kann dem anderen seine schwachen Punkte auf demselben Gebiet überwinden helfen. Und da jeder von euch Stärken und Schwächen hat, hat jeder etwas zu geben. Die Energien, die aus dem Kosmos kommen, haben ein anderes Format als die Energien der Erde. Ihr müßt beide in eure Physis integrieren. Ihr mögt falsche Anschauungen haben, die die Energien der Erde ausschließen. Damit will ich sagen, daß ihr mit den irdischen Energien in unangemessener Weise umgeht. Entweder gestattet ihr ihnen den Zutritt in eure physische Struktur überhaupt nicht, oder ihr habt Bedingungen daran geknüpft.

Andererseits mögen euch eure falschen Anschauungen über die kosmischen Energien einreden, daß sie euch verbrennen und auslöschen werden und daß es nicht ratsam ist, sich mit ihnen zu vermischen. In beiden Fällen werdet ihr die Auswirkungen dieser Glaubenssätze in eurem physischen Körper zu spüren bekommen. Die Energien werden nicht frei fließen. Ihr werdet euch fühlen, als ob ihr feststeckt, und ihr werdet auf viel Widerstand treffen, und euer Leben auf Erden wird schwierig sein.

Ich möchte euch hier eine Übung geben, die euch sehr helfen wird. Sie ist das Geschenk eines großen Wesens, das sich den Namen ANLOAKAN gegeben hat, Meister der Sterne und der Universen. Nimm nun Fühlung mit deinem Kopf auf. Es gibt da zwei Punkte, die *Sonnenpunkte* genannt werden. Sie liegen ungefähr 7,5 cm hinter deiner

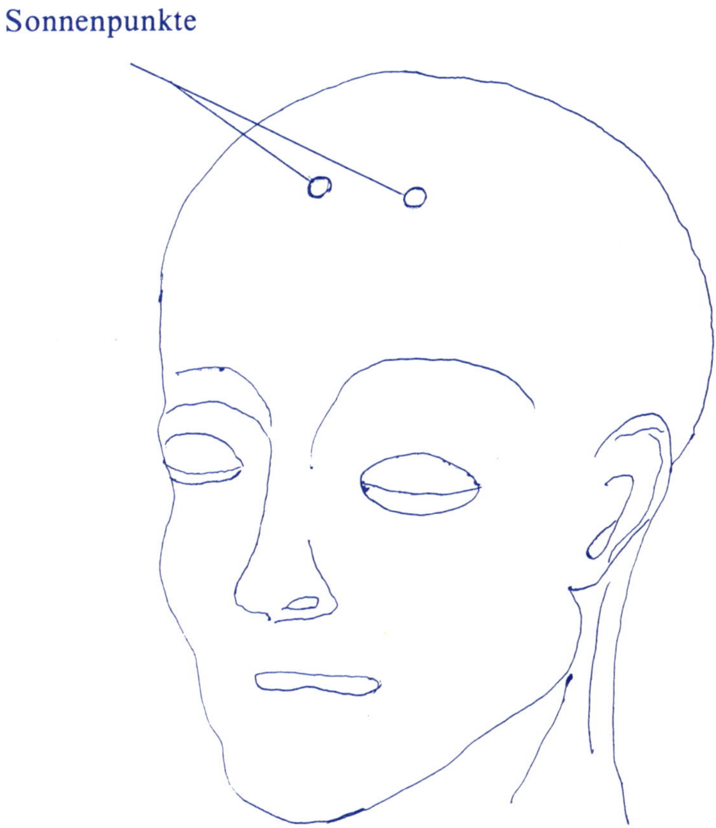
Sonnenpunkte

Stirn. Jeder Punkt befindet sich etwa 2,5 cm zur Rechten und Linken von der Mittellinie des Kopfes entfernt. Laß dir von jemand anderem diese Punkte mit seinen Daumen oder Zeigefingern drücken. Du wende dich nach oben mit deinem Bewußtsein, geh hinauf, hinauf, ins Universum, bis du die *orangene* Ebene berührst. Geh durch die orangene Ebene in die *blaue* hinein. Für einige von euch wird es die *grüne* zwischen der orangenen und blauen geben. Nehmt es an und geht hindurch, bevor ihr euch auf die nächste Ebene zubewegt. Ich kann hier nur eine allgemeine Aufzählung dieser besonderen Reise geben. Nimm die Farbe an, die zu dir kommt, wenn du sehen kannst. Und nun bewege dich in die *goldene* Ebene hinein. Gehe durch sie hindurch in die *kristallene* Ebene. Nun bringe eine *goldene Röhre* von deinem Kronen-Chakra den ganzen Weg nach oben bis zur Kristall-Ebene. Laß diese goldene Röhre durch deine physische Struktur hindurch bis zum Mittelpunkt der Erde reichen. Gut ... Laß nun die Kristall-Ebene in die goldene Röhre einfließen, hinunter durch die goldene Ebene, die blaue, die grüne, die orangene, durch deine höheren Chakras, die sich oberhalb deines Kronen-Chakras befinden (fünf Energiefelder, die ungefähr 30,5 cm voneinander entfernt sind), durch deine physische Struktur hindurch bis in den Mittelpunkt der Erde. Nun geh wieder hoch in die goldene Ebene. Fülle sie in die Röhre ein und laß sie hinunterfließen durch die blaue und die orangene Ebene, durch die höheren Chakras, die physische Struktur und tief in die Erde. Gehe jetzt in die blaue Ebene hinauf. Laß sie in die Röhre einfließen und bringe sie durch die orangene Ebene, deine höheren Chakras, die physische Struktur und ins Zentrum der Erde. Gehe hoch in die orangene Ebene. Bringe sie in die goldene Röhre, leite sie durch die höheren Chakras, deine physische Struktur und tief in die Erde hinein. Und nun geh zu den höheren Chakras hinauf. Laß ihre Energie in die Röhre einfließen, durch deine physische Struktur hinunter tief in die Erde. Und nun laß die Energie deines physischen Körpers in die Röhre einfließen und bringe sie zum Mittelpunkt der Erde. Laß nun die Sonnenpunkte los und spüre deinen Körper. Fühlst du dich geerdet, munter, gestärkt, friedvoll und ganz? Dieses Geschenk von Anloakan ist wahrlich eine unschätzbare Hilfe für das ganze Universum. Du hast gerade — durch deine physische Struktur — Himmel und Erde miteinander vermählt — wie es bei euch heißt. Du bist jetzt eine wandelnde Säule von Licht. Durch deinen Körper hast du bestimmte Energien integriert und in harmonischer Weise auf Erden anwendbar gemacht.

Und nun laß uns einen Schritt weitergehen. Kurz vor dem 15. August 1987 wurde ein Lichtnetz im Ätherbereich eures Planeten installiert, das einem ähnlichen Energienetz auf eurem Schwesterplaneten Minerva nachgebildet ist. Wesen von Minerva und dem Engelreich haben es konstruiert, um der Erde zu helfen, sich von Negativität zu befreien. Dieses Lichtnetz ist durch die vereinte Bemühung vieler spiritueller Lehrer und Lichtarbeiter gespeist und aktiviert worden. Dieses Energienetz ist nun da und kann jederzeit angezapft oder auch gespeist werden. Du, der du jetzt eine wandelnde Säule von Licht bist, verbinde dich nun mit ihm. Du brauchst nur zu wünschen, mit ihm verbunden zu sein, und es wird geschehen. Sende dein Licht in das Netz hinauf ... schicke es jetzt hoch ... verwende soviel Zeit darauf, wie du bereit bist zu geben. Gut.

Und nun, da du so großzügig gegeben hast, erlaube dir, von diesem Lichtnetz zu nehmen. Empfange das Licht ... empfange das Licht! Es wird dich nähren, es wird dich stärken. Es wird dein Verständnis erweitern und deinen ‚Licht'quotienten vergrößern. Das, mein Lieber, ist auch eine Weise, mit deinen Energien zu arbeiten! Eine sehr konstruktive!

Wenn deine Energieversorgnung nicht reibungslos läuft, wirst du es in deinem täglichen Leben merken. Vermutlich hast du einige falsche Überzeugungen aktiviert, die deinen Energiekörper in Aufruhr versetzen und seinen Fluß durcheinanderbringen. Versuche es mit dieser Übung. Bringe eine *violette* Spirale von der geistigen Ebene über deine physische Struktur. Konzentriere dich darauf ... Und nun laß eine *grüne* Spirale aus dem Mittelpunkt der Erde hervorkommen und aufwärtssteigen und dich und die violette Spirale einschließen. Visualisiere dieses Bild ein paar Minuten lang. Du wirst einen Zuwachs an Energie spüren.

Eine andere Methode, gestaute Energie zu lösen, besteht in ätherischer Körperarbeit. Das ist ein weites Feld. Viele spirituelle Lehrer kommen euch mit ihren Methoden zu Hilfe. Es gibt viele. Ihr müßt selbst herausfinden, welche die beste für euch ist.

Ich, Djwhal Khul, möchte nun die Spezialisten für physische Körperarbeit zu Wort kommen lassen. Ich segne euch mit meiner Liebe und meinem Licht.

Ich bin MARCUS und komme vom Engelreich. Ich freue mich, diese Gelegenheit zu haben, zu eurem Nutzen mit euch zu teilen, was schon vielen geholfen hat. Euer ätherischer Körper ist ebenso wichtig wie euer physischer Körper. Weil ihr ihn nicht sehen könnt — die meisten wenigstens können es nicht —, vergeßt ihr ihn gerne. Ihr ignoriert ihn leicht. Nur wenn euch keiner mehr, nicht einmal ein Arzt, helfen kann, fangt ihr an, nach einem anderen Weg Ausschau zu halten, nach einem Weg, der nicht anerkannt ist, der angezweifelt wird. Ihr unternehmt alle möglichen Dinge für euren physischen Körper. Ihr geht zu Ärzten, die Spezialisten auf bestimmten Gebieten sind, denn ihr traut ihren Diagnosen, und tatsächlich können sie euch auch meistens helfen, die Symptome zu beseitigen. Die Ursache allerdings liegt meistens in einem Bereich, den zu finden sie nicht ausgebildet sind. Die Ursache liegt in eurem Schöpfungsvorgang.

Lange, bevor sich eine Störung im Physischen zeigt, besteht sie schon im Astralkörper. Der Astralkörper ist ein Duplikat eures physischen Körpers, nur daß ihr ihn nicht sehen könnt. Wenn ihr diese feststeckenden Energien durch ätherische Körperarbeit von eurem Astralkörper entfernt, wird ihre Manifestation im physischen Bereich überflüssig.

Ätherische Körperarbeit heißt Arbeit mit Energien. Es ist notwendig, diese feststeckenden Energien wieder in Fluß zu bringen und die Ursache der Blockierung zu beheben. Ursachen gibt es viele. Mangelnde Selbstliebe, negative Denkgewohnheiten, unterdrückte Gefühle, Auswirkungen vergangener Leben und Angst vor dem Weiterleben sind nur einige von ihnen. Wir vom Engelreich arbeiten durch viele, die sich Heiler, Übermittler oder Massage-Therapeuten nennen. In jedem Beruf gibt es gute und schlechte und ausgezeichnete. Auch sie lernen und wachsen, und ihr müßt ihnen das zugestehen. Einige sind ‚Kanäle', die unsere Eingaben klar und rein empfangen, und andere benutzen ihre Intuition, was sehr gut ist! Einige schwören nur auf Technik. Und selbst da helfen wir. Wenn ich eine Invokation empfange, einen Hilferuf höre, dann kann ich mir die Blockade im ätherischen und physischen Körper anschauen. Ich sehe die Ursachen und entscheide dann mit meinem Helfer- und Expertenteam, das ich konsultiere, auf welche Weise wir am besten helfen können. Daß das Energiemuster geändert werden muß, ist klar, aber auf welche Weise und wieviel, ohne daß die vier Körper gestört werden, das muß sorgfältig bedacht werden.

Den größten Teil meiner Arbeit tue ich nachts, wenn ihr schlaft. Im allgemeinen bin ich namenlos, doch meine Energien sind häufig gegenwärtig in Sitzungen. Ich habe den Namen »Marcus« gewählt, um mir für dieses Buch eine

Identifikation zu geben. Andere kennen mich unter anderen Namen. Marcus hat eine besondere Schwingung, die meine Botschaft gut transportiert. Wenn ihr mich anruft, werde ich antworten und euch zu Hilfe kommen.

Warum bin ich jetzt da und nicht damals, als du am meisten Hilfe gebraucht hast? Nun, mein Liebster, vielleicht, weil du vergessen hattest, um Hilfe zu rufen! Du warst damals vielleicht so befangen in deinem Leiden und deinem Selbstmitleid oder überzeugt davon, daß niemand dir helfen könnte, daß du zu fragen vergessen hast. Es gibt ein kosmisches Gesetz, an das ich mich halte und das mir ohne deine Zustimmung, ohne deinen Ruf nicht zu helfen erlaubt. Wie oft kommt es vor, daß dein Schutzengel — und jeder von euch hat mehrere — danebenstehen muß und nicht helfen darf, weil du vergessen hast, um Hilfe zu bitten.

Es gibt aber doch eine Zeit, zu der ich dir auch ohne deine ausdrückliche Erlaubnis helfen darf. Zum Beispiel, wenn du schläfst. In diesem Fall genügt die Einwilligung deiner Seele und deiner Führer, die für dieses bestimmte Gebiet, das gestört ist, zuständig sind. Dann ist mir klar, daß du nicht durch einen gewissen Lernprozeß hindurch mußt und von der Unklarheit befreit werden kannst. So vergiß also nicht zu beten, anzurufen — wie immer du das nennen magst. Bitte um Hilfe, und du wirst sie sofort erhalten, wenn es deinen Lernprozeß nicht beeinträchtigt.

Manchmal steckst du für ein paar Tage, Wochen oder gar Monate in einer bestimmten Unklarheit fest. Dir, der du einen anderen Zeitrahmen hast als ich, mag es wie eine Ewigkeit scheinen. Was passiert da? Nun, mein Freund, du gehst durch einen bestimmten Lernprozeß, und wir, die wir durch die kosmischen Gesetze gebunden sind, dürfen dir diesen Lernprozeß nicht abnehmen. Doch auch dann bekommst du Hilfe. Ich schicke dir Gelegenheiten, dieses „Problem“ von einer anderen Seite zu betrachten, so daß du verstehen kannst, was es dich lehren will. Ich schicke dir Menschen, die dir widerspiegeln, was dir Kummer macht. Ich sorge für Lesestoff, der dir verstehen hilft. Ja, ich benutze sogar dein Auto, sofern du eines hast, um dir zu zeigen, wo der Bereich, der der Klärung bedarf, gelegen ist. Synchronismus ist ein gutes Hilfsmittel, um verständlich zu machen, was in einem vor sich geht, wenn man sich festgefahren fühlt.

Es ist außerordentlich wichtig, die Energien wieder in Fluß zu bringen. Es ist ebenso wichtig wie richtig essen und schlafen. Ich möchte euch eine Übung geben, die ihr allein machen könnt.

Nimm Fühlung mit deinem Steißbein auf. Plaziere dort einen roten Ball von Energie. Er kann so groß oder so klein sein, wie du willst. Schicke diesen roten Ball dein Rückgrat hinauf bis zu deinem Kronen-Chakra. Sieh oder fühle, ob der Ball oben ankommt. Wenn er nicht angekommen ist, schau nach, wo er feststeckt. Das ist dein blockiertes Gebiet. Bringe dahinein eine goldene Röhre mit einer Saugvorrichtung innen, die du mit deinem Willen in Gang setzen kannst. Hole all das heraus, was die Blockierung verursacht. Ich helfe dir, wenn du es tust, mit meinen Energien. Versuch es für drei Minuten und beende dann diese Visualisierung. Warte eine Weile, bevor du in dieses Gebiet hineinspürst. Es sollte sich leichter anfühlen, freier, ja, vielleicht ganz frei.

Es gibt noch einen anderen Aspekt der ätherischen Körperarbeit, nämlich die Erhaltung der maximalen Funktion deines Vier-Körper-Systems durch Vorsorge. Das heißt, wenn man regelmäßig dafür sorgt, daß alle verwirrten Energien ausgeschieden werden, kann das Energiesystem immer in Fluß bleiben und soviel Licht aufnehmen, wie es die Balancierung der vier Körper erlaubt. Dadurch wird der Wachstumsprozeß beschleunigt und die Aufnahme und Integration von neuem Wissen erleichtert. Jugendliche, die mit solcher Energiearbeit behandelt werden, hören auf, nur aus Opposition heraus zu handeln. Sie werden es leichter in der Schule haben, weil es keine blockierte Energie mehr gibt, die ihr Verständnis behindert. Ein wenig Fürsorge und Investition in euren Energiekörper wird Dividenden in Form von Gesundheit, Harmonie, Wachstum und Frieden bringen. Ich bin Marcus, und ich segne euch mit den Energien des Engelreiches.

Selbstliebe

Ich bin ETÚ. Ich komme durch die Energien der Pleijaden, einer Sterngruppe im Zeichen des Stier, zu euch. Viele von euch, die jetzt auf der Erde sind, kamen von den Pleijaden und sind mit den Energien dort vertraut. Das ist der Grund, weshalb ich mich entschlossen habe, durch dieses Medium zu euch zu kommen. Dies ist nicht meine Heimat. Ich bin überall zu Hause. Jetzt habe ich meine Energien Sanat Kumara angeboten, der mir erlaubt hat, mit der Erde Kontakt aufzunehmen. Franziscus transformiert meine Energien für diese Kommunikation herunter. Er operiert vom Dritten Strahl* aus und ist sehr vertraut mit Energien. Er ist ein Experte in der Handhabung der höchsten Vibration. Besonders gern beschäftigt er sich mit der „Feineinstellung“ von Energien, und so kann ich sicher sein, daß euch meine Botschaft unverfälscht erreicht.

* Es gibt eine Ordnung von Sieben Strahlen im Kosmos, worauf noch eingegangen wird. Der Tibeter, Djwhal Khul, hat darüber unter Alice Baileys Namen in der ersten Jahrhunderthälfte ein Buch verfaßt mit dem Titel: *Eine Abhandlung über die Sieben Strahlen.* Lucis Trust, Genf. (Anm. d. Übers.)

Ich möchte zu euch über das Thema *Selbstliebe* sprechen. Als einem kosmischen Wesen fallen mir einige interessante Energiemuster im Massenbewußtsein eures Planeten Erde auf, die damit zu tun haben. Ihr seid förmlich überschwemmt von dem Glauben, daß es ein Sakrileg ist, sich selbst zu lieben, so daß ihr überhaupt nicht mehr wißt, wie sich das anfühlt, wie man das macht, oder ob man sich nun selbst lieben darf oder nicht.

Selbstliebe hat nichts mit Egoismus zu tun. Es heißt zum Beispiel, daß man sich für wert hält, etwas zu bekommen, was man schon lange haben wollte. Du hast das Geld, aber du findest es angemessener, diese Energie (Geld ist auch Energie) jemand anderem zufließen zu lassen. Selbstliebe heißt, daß du in den Spiegel schaust und dir sagst, daß du dich gerade so liebst, wie du bist. Selbstliebe heißt, daß du dich um deine Erscheinung kümmerst; es heißt, daß du dich mit Schönheit umgibst, und es heißt, daß du die Verantwortung für dich und deine Handlungen übernimmst.

Wenn du schon mehr für dich ausgegeben hast, als du dir leisten kannst, nimm dir etwas anderes vor. Übe mit deinem Körper. Hast du richtig gehört, mit deinem Körper? Ja, das meine ich! Sag' deinem Körper, daß du ihn magst und daß du, um ihn gesund zu erhalten, Übungen mit ihm machen wirst.

Wenn du dich selbst liebst, wirst du keine „Wegwerf"-Nahrung zu dir nehmen, wie ihr das nennt. Diese Bezeichnung ist sehr zutreffend: Nahrung, die auf den Abfall gehört und nicht in deinen Körper. Sicher hast du schon sagen hören, daß dein Körper dein heiliger Tempel ist! Das ist wahr. Gehörst du zu denen, die das Beste für ihre Gäste aufheben? Fang damit an, dein eigener Gast zu sein, und genieße es!

Angenommen, du hast Übergewicht und du kannst deinen Körper nicht lieben. Was dann? Der Grund, warum du

Übergewicht hast, liegt darin, daß du dich selbst nicht liebst. Du hast äußerliche Mittel gefunden, dich zu nähren, etwas Gutes für dich zu tun. Aber ist es wirklich gut für dich, zuviel zu essen? Wenn du dich aus diesem Dilemma befreien willst, schaue dich als erstes einmal im Spiegel an und sei ehrlich zu dir selbst. Sage deinem Körper, daß du ihn so, wie er aussieht, nicht lieben kannst, aber daß du dein Bestes tun wirst, ihn wieder in Form zu bringen, so daß du ihn lieben kannst. Nimm dann kleine Veränderungen auch wahr und zolle ihnen Anerkennung und lasse deinen Körper wissen, daß du glücklich darüber bist. Sprich mit ihm wie mit deinem besten Freund, den du halten möchtest.

In vielen von euch existieren noch Programmierungen aus klösterlichen Leben, die besagen, daß man die Erlösung nur erlangen kann, wenn man sich selbst bestraft, wenn man arm ist, wenn man Schönheit in jeglicher Form ablehnt, wenn man sich das austreibt, was einem Freude macht. Es ist notwendig, diese Überzeugungen fallen zu lassen!

Jemand, der sich selbst liebt, findet Sicherheit in sich selbst, fühlt sich niemals allein, sondern immer geliebt und versorgt; er empfindet Wertschätzung für sich und ist sich selbst mehr als den anderen zu Gefallen.

Wie läßt sich nun dieses „Muster" der mangelnden Selbstliebe verändern? Zuerst mußt du zugeben, daß du es hast. Dann triffst du jedesmal, wenn du dich wieder dabei ertappst, nach dem alten Muster zu reagieren, bewußt eine Entscheidung. VYWAMUS, ein großartiges spirituelles Wesen, wird dir in Kapitel 2 eine Decodierungsmethode für solche Muster geben, die es dir erleichtern wird, alte Gewohnheiten aufzugeben.

Wisse, daß es in Ordnung ist, dich zu lieben, dich anzuerkennen und du selbst zu sein, ohne daß du dich bei anderen für deine Existenz rechtfertigen mußt. Du mußt den Glauben aufgeben, daß es wichtigere Leute als dich gibt. Ein

König zum Beispiel ist nicht mehr als du. Auch du bist irgendwann einmal während deiner vielen Leben auf Erden aus königlichem Geblüt gewesen. Warum also denkst du so gering von dir und betest andere an, die Macht verkörpern? Ergreife jetzt deine eigene Macht. Du hast sie auch! Folge nicht mehr den Diktaten, die dir die Gesellschaft auferlegt hat. Akzeptiere den Glauben nicht, daß du geringer als andere bist, sondern sei bereit, die Verantwortung für dein neues, wichtiges Ich zu übernehmen.

Höre auf, anderen Gefallen zu tun, die du dir selbst nicht tun würdest. Sie lieben dich sowieso, wenn du dich selbst liebst. Du brauchst ihre Zuneigung nicht zu erkaufen. Worin liegt wohl der Unterschied zwischen jemandem zu Gefallen sein und jemandem zu helfen, der Hilfe braucht? Schau dir deine Motive ehrlich an. Erwartest du vielleicht einen Gefallen als Gegenleistung? Vielleicht einen goldenen Stern für deine Krone? Willst du als gut dastehen mit deiner Hilfe, oder hilfst du, weil es der andere braucht? Würdest du dasselbe auch für dich tun? Gut, dann setze dich in Bewegung und hilf, und die Hilfe wird hundertfach zu dir zurückkommen, wenn du es dir gestattest, sie zu empfangen.

Wenn du dich selbst liebst, erlaubst du dir auch zu empfangen. Viele von euch können das nicht, und es ist ihnen unbegreiflich, warum sie so zu kämpfen haben. Empfangen können schließt ein, deine weibliche Seite zu öffnen, die empfangende Seite, die von deiner linken Körperhälfte repräsentiert wird. Kann es sein, daß du viele Gesundheitsprobleme auf dieser Seite hast? Achte auf deinen Körper. Er macht dich darauf aufmerksam, daß du deine weibliche Seite pflegen sollst. Wenn du nicht weißt, wo das Problem liegt, benutze den Spiegel-Effekt, um herauszufinden, was nicht frei fließt in dir, denn deine Überzeugungen werden von deiner Umgebung reflektiert.

Dich selbst zu lieben, gibt dir das Gefühl, ganz zu sein.

Gleichgültig, was ein anderer über dich sagen mag, du weißt, daß alles mit dir stimmt, und kannst dem anderen seine Meinung lassen. Du hast die Freiheit, anderer Meinung zu sein, ohne dich dadurch gefühlsmäßig berühren zu lassen. Das, mein Freund, ist wahre Freiheit! Durch die Klärung deiner selbst wirst du in Bereiche gelangen, wo du diese Freiheit erfahren kannst. Mag sein, daß andere Bereiche noch weiterer Klärung bedürfen; früher oder später aber wirst du diese Freiheit, die durch Selbstliebe entsteht, auf vielen Gebieten erfahren. Ich, Etú, möchte dich ermutigen, dich zu ändern und zu klären, bis du das in deinem Leben hervorbringst, was du wirklich möchtest.

Wie man Farben verwendet, um dem physischen Körper zu helfen

Ich bin LORD MAITREYA oder, wie viele von euch mich kennen, CHRISTUS. Ich bin derjenige, der euren geliebten Jesus überschattete, als er auf Erden wandelte. Wir sind ein- und derselbe, doch haben wir einen individuellen Fokus. Wenn du mich anrufst, empfängst du nicht Jesus. Verstehst du? Ich lade dich nun ein, meine Schwingung zu fühlen, so daß ich real für dich werde. Ich bin hier, um über Farben zu sprechen und nicht über die Liebe, wie ihr es gewöhnt seid.

Farbe ist Licht, meine Lieben, eine besondere Art von Licht. Sie sind für uns alle so wichtig! Wir von der geistigen Hierarchie arbeiten viel mit Farbe. Da gibt es die 7 Strahlen der Farben, mit denen ihr alle arbeitet. Sie helfen euch in eurem täglichen Leben. Ich will hier Djwhal Khuls Sichtweise benutzen, der eine bestimmte Farbe einem bestimmten Strahl zuordnet.

Rot ist die Farbe des ersten Strahls. Sie hat eine machtvolle Vibration, die vorwärts drängt und Veränderungen hervorruft. Manche halten sie für destruktiv. Ich sehe in ihr das Vorwärtsdrängen, die Schubkraft. Rot kann dich mit Energie aufladen, wenn du dich müde und ausgelaugt fühlst. Manchmal wird rot gebraucht, um einen bestimmten Aspekt zu aktivieren, bevor man ihn gehen lassen kann. Rot wird manchmal mit dem Astralreich in Verbindung gebracht. Für mich bezeichnet es die Verbindung mit dem Ursprung selbst, mit der QUELLE. Zuviel rot ist manchmal schwierig zu handhaben, und es muß mit blau ausgeglichen werden. Es ist eine Heilfarbe, sollte jedoch mit Zurückhaltung benutzt werden. Es neutralisiert Verbrennungen von bestimmten Strahlen, es baut Hämoglobin auf und die Leber. Widerstand gegen rot zeigt dir eine Blockade in deiner Verbindung mit dem Ursprung auf, die bis zur Monade zurückreicht. Und es weist dich auch auf gewisse Probleme mit Autoritäten hin. Denke darüber nach. Du kannst es von vielen verschiedenen Seiten betrachten. Was du von der Vergangenheit her mit dir trägst, wird auch in der Gegenwart eine Rolle spielen. Rot ist sehr geeignet, dich von solchen falschen Überzeugungen zu befreien.

Jede Farbe hat eine bestimmte Vibration, die eine chemische Reaktion im Körper auslöst. Auf diese Weise verändert sie die momentane Vibration des Körpers.

Blau als der zweite Strahl, das zweite Ressort, wird von mir, Maitreya, geleitet. Große Lehrer sind auf diesem Strahl zu Hause; denn Heilung kann nicht ohne Belehrung vollbracht werden. Durch Belehrung wirst du instandgesetzt, zu ändcrn, was unklar war und dich ursprünglich krank gemacht hat. Erst dann ist Heilung auf Dauer möglich. Blau ist eine große Heilfarbe. Es wirkt auch als Beruhigungsmittel, sehr ähnlich einem milden Sedativum. Es regt deine Zirbeldrüse an und hält wegen seiner hohen Lichtfrequenz Störungen aus dem astralen Bereich fern. Wenn dir Sauerstoff fehlt, nimm Blau, das wird deinen Sauerstoffpegel erhöhen.

Blau — und ich meine ein Stahlblau, nicht ein Dunkelblau — ebnet auch dem Licht deiner Seele den Weg, sich im Physischen zu verankern. Durch seine elektrische Qualität erhöht es die Schwingung deiner Zellstruktur und gleicht sie so der Frequenz deiner Seele an.

Liebe tut dasselbe. Sie ist auf Erden in der Farbe rosa repräsentiert. Ist es nicht so? In ihren höheren Aspekten wird diese Farbe von blau aktiviert und gespeist und erreicht ihre höchste Ausdrucksform durch blau und wird so eins mit deiner Seele (Nun konnte ich doch wieder auf mein Lieblingsthema — die Liebe — kommen!). Für mich ist die Liebe blau. Liebe hält nicht nur die Welt in Schwung, wie es in eurem Lied so schön heißt, sondern der ganze Kosmos wird einzig durch Liebe in Gang gehalten.

Gelb repräsentiert den dritten Strahl oder das dritte Ressort. Viele große Heiler kommen von hier. Dieser Strahl beschäftigt sich mit der Transformation von hohen Energien in niedere. Das ist eine Präzisionsarbeit, die großes Wissen und Verantwortungsgefühl verlangt. Gelb wirkt als Stimulans auf den physischen Körper. Es regt dein Lymphsystem an. Die meisten von euch brauchen das. Es regt die Produktion von Magnesium in deinem Körper an. Es ist Nervennahrung für deine Motorik. Es aktiviert dein Gehirn. Wende diese Farbe nicht an, wenn du schlafen gehen willst! Ein sanftes Gelb kann mentales und emotionales Trauma lindern und mindern.

Grün ist die Farbe des vierten Strahls. Dieses Ressort hat mit dem Gebiet der Kunst und ihrer Beziehung zum Heilen zu tun. Das ist ein Aspekt des Neuen Zeitalters, der jetzt vorbereitet wird und zum Zuge kommt. Du kannst durch Musik geheilt werden oder auch von einer Malerei. Es ist der hohe Schwingungsgrad eines Kunstwerkes, der heilende Qualität besitzt. Du kannst geheilt werden, wenn du den Bewegungen eines Tänzers zuschaust, der seinen Tanz

„channelt". Ist das nicht wunderbar? Die meisten Künstler sind offene Kanäle, ob es ihnen bewußt ist oder nicht. Die Farbe grün besitzt große Heilkraft. Sie regt die Neubildung von Muskeln und Gewebe an. Sie zerstört Bakterien in deinem Körper und in deiner Umgebung. Möchtest du es gleich ausprobieren? Fülle deinen Raum mit grün. Bleibe 5 Minuten dabei und schau, ob du den Unterschied bemerkst. Gut! Und nun versuche das. Bei arthritischen Fingern nimm eine Kombination aus grün und blau. Du mußt deine ganze Aufmerksamkeit darauf richten, die Farbe rein mental anzuwenden. Und du wirst bald ein Kribbeln in deinen Gelenken spüren. Bei täglicher Anwendung wirst du Resultate spüren, mein Lieber!

Ich gebe dir diese Methoden nicht, damit du sie dir anhörst und dann vergißt. Sie sind dazu gedacht, benutzt zu werden, um dir und anderen zu helfen. Ich habe ein besonderes Interesse an diesem Strahl, an dieser Farbe, weil ich sie als den Repräsentanten eurer Erde ansehe, die ich so sehr liebe.

Orange ist die Farbe des fünften Strahls. Sie regt deinen Mentalkörper an. Sie macht dich neugierig und entdeckungsfreudig — ein notwendiger Aspekt im Schöpfungsprozeß. Sie stimuliert das Wachstum in dir, was sich auf der geistigen und der physischen Ebene auswirkt. Diese beiden Aspekte oder Polaritäten, wie ich sie gern nenne, sind eng miteinander verknüpft. Der eine kann sich nicht vorwärtsbewegen ohne den anderen. „Wie oben, so unten" — ist eine zutreffende Aussage. Wenn orange — durch Visualisierung — innerlich angewandt wird, baut es Knochen auf und befreit den Verdauungstrakt von Gasen. Es behebt Krämpfe im allgemeinen und in den Muskeln. Orange ist auch ein kosmischer Leiter. Für uns auf der spirituellen Ebene ist orange der kosmische Leiter zu anderen Planeten — materieller oder ätherischer Natur.

Magenta (purpurrot), der Farbe, die den sechsten Strahl repräsentiert, steht Jesus, mein geliebter Bruder, der mich auf der Erde verkörperte, vor. Magenta ist eine Farbe, die gern von gewissen Kirchen benutzt wird. Früher kannten sie den Sinn jeder Farbe und nutzten sie für ihre Rituale, um zu heilen, anzuregen oder zu dämpfen. Magenta bringt die Emotionen ins Gleichgewicht. Es baut die Aura auf und harmonisiert den Blutkreislauf. Diese Farbe wird im Neuen Zeitalter nicht mehr die Bedeutung haben wie in der Vergangenheit. Sie hat ihre Funktion schon fast erfüllt.

Violett repräsentiert den siebten Strahl und ist von großer Bedeutung für euer Übergangsstadium jetzt. Es ebnet den Weg, der vor euch liegt. Die violette Flamme wird von vielen Meistern und Lehrern benutzt, um das umzuwandeln, was geändert werden muß. Es ist eine Farbe, die den spirituellen Aspekt im Selbst anregt. Wenn es deinem Körper an der Rezeptivität für diese Farbe mangelt, können gewisse Aspekte deines Selbst nicht entwickelt werden.

Violett wirkt beruhigend, weil es die Aktivität des Nervensystems herabsetzt. Es baut die Milz auf und fördert die Bildung der weißen Blutkörper. Violett wendet dich nach innen, und das ist der Grund, weshalb es einige von euch nicht mögen. Nach innen gehen heißt, dich wirklich anschauen, dich mit dir selbst konfrontieren. Es ist notwendig, dir selbst gegenüberzutreten, wenn du dich ändern und deine Schwingung auf eine Schwingung der Liebe anheben willst, die dich fähig machen wird, Meister deiner Angelegenheiten zu sein.

Ich liebe dich, ich achte dich, mein Lieber! Du bist meinem Herzen sehr nahe. Ich bin mit dir, wenn du es willst. Sei fröhlich und lerne dich selbst lieben. Das wird dich vorwärtsbringen. Wisse, daß dich meine Vibration durch diese Zeilen, die du hier liest, inspirieren und führen wird. Das ist mein heutiges Geschenk an dich. So sei es!

Ausgleich der rechten und linken Gehirnhälfte

Ich bin KORTON. Ich bin ein Außerirdischer — wie ihr diejenigen bezeichnet, die von anderen Planeten kommen, um euch Menschen auf der Erde zu helfen. Ich komme vom Mars zu euch und bin genauso real wie ihr. Fühlt meine Vibration, wie sie durch euer Kronen-Chakra in euch kommt! Ich möchte euch mit meinen Energien vertraut machen, so daß durch unsere Kommunikation keine Ängste hervorgerufen werden.

Ich komme zu euch, um über den Ausgleich der rechten und linken Gehirnhälfte zu sprechen.

Es gab eine Zeit, da wart ihr so beschaffen, daß ihr ausschließlich von der rechten Gehirnhälfte her, die die intuitive ist, fungiertet. Das wechselte allmählich — über Zeiträume von Tausenden von Jahren hinweg — zum Gebrauch der linken Gehirnhälfte über, die nach logischen Prinzipien funktioniert. Jetzt ist es an der Zeit, beide Seiten ins Gleichgewicht zu bringen. Es gibt verschiedene Methoden dazu. Ich möchte hier gern eine vorstellen, die denen unter euch, die kinästhetisch arbeiten, bekannt ist. Sie ist ausgezeichnet, und ich möchte sie gern weiteren Kreisen bekanntmachen. Diejenigen, die von der rechten Gehirnhälfte her fungieren, legen ihr rechtes Bein über ihr linkes Knie. Die linke Hand hält den rechten Knöchel, und die rechten Finger halten die Zehen des rechten Fußes, indem die Hand von der Fußsohle her die Zehen mit den Fingern ergreift. Bleibt eine Minute lang in dieser überkreuzten Position. Hört auf und drückt nun sanft die Fingerspitzen beider Hände gegeneinander, indem sie eine Pyramide formen. Bleibt so für eine halbe Minute. Laßt los und spürt die leichte Veränderung in eurem Kopf und eurem Körper.

Diejenigen, die von der linken Gehirnhälfte aus fungieren,

kehren die Übung einfach um. Bringt euer linkes Bein über euer rechtes Knie. Die rechte Hand hält den linken Knöchel. Die Finger der linken Hand ergreifen die Zehen des linken Fußes von der Fußsohle her. Bleibt für eine Minute in dieser überkreuzten Position. Löst sie auf. Und drückt nun die Fingerspitzen beider Hände sanft gegeneinander, indem sie eine Pyramide bilden. Hört nach einer halben Minute damit auf. Erspürt euren Körper.

Sowie ihr beginnt, auf eine ausgeglichenere Weise zu funktionieren, wird die physische Existenz leichter, freier und freudiger. Ihr werdet nicht so tun müssen, als ob sie freudiger wäre, sondern ihr werdet es wirklich in euren Zellen mit eurem ganzen Sein fühlen. Dann werdet ihr zu Meistern eurer physischen Existenz. Und das ist doch das Ziel für jeden von euch, nicht wahr? Ich möchte euch dabei helfen, dieses Ziel zu erreichen. Ich bin Korton, und es ist eine Freude für mich, mit euch zu kommunizieren. Adonai.

Kapitel 2

Arbeit mit dem Unterbewußtsein

Ich bin VYWAMUS. Ich dehne mich aus, um dich zu erreichen und zu berühren, und ich wäre glücklich, wenn du dasselbe tun könntest. Dehne dich mit Hilfe deiner Gefühle aus und verbinde dich mit mir. Lerne mich kennen. Lasse meine Energien durch dein Kronen-Chakra herein und spüre sie. Gut ..., sie sind da, um dich, wenigstens in deiner Wahrnehmung, mit mir vertraut zu machen. Ich bin der Seelenaspekt von Sanat Kumara, dem spirituellen Oberhaupt deines Planeten Erde. Ich kam vor vier Jahren herüber, um dir bei deiner Arbeit an der Transformation zu helfen.

Dringe tief in die Strukturen und Muster ein, aus denen du deine Welt erschaffst. Du kannst jetzt mit den unklaren Bereichen, die du ausschalten möchtest und an denen du so lange gearbeitet hast, fertig werden, ohne in das emotionale Trauma zu geraten, das du so sehr fürchtest. Ich bringe dir eine Methode, mit der du Zugang zu deinem Unterbewußtsein finden kannst, um es zu klären. Diese Methode stellt einen bedeutenden Vorstoß auf deinem Weg zur Entfaltung dar. Dieser ewige Prozeß wird jetzt zu einer aufregenden Exkursion zur QUELLE selbst, um sie kennenzulernen, sich ihrer bewußt zu werden und sie zu verstehen. Für die QUELLE bist du genauso wichtig wie ich, Vywamus, es bin. Du hast deinen Weg gewählt und ich den meinen. Keiner von beiden ist besser oder schlechter. Und so bin ich hier, um dir dabei zu helfen, das Ziel zu erkennen, das du für dich selber ausgewählt hast. In diesem Prozeß werde ich dich sicher für ein größeres Verständnis im Umgang mit deinem Unterbewußtsein öffnen.

Durch die Klärung dieser Bereiche wirst du fähig sein, Mut, Freude, Frieden, Toleranz, Spiel, Harmonie, Mitgefühl, Demut und Liebe intensiver zu erfahren. Liebe verwandelt alle negativen Gefühle. Ich spreche von bedingungsloser Liebe, und das bedeutet, daß an diese Liebe keine Bedingungen geknüpft werden. Sie gibt, ohne etwas dafür zu erwarten. Sie schränkt nicht ein, besitzt nicht, legt dich nicht fest und vermeidet oder leugnet die Wahrheit nicht.

Durch deine Glaubensstrukturen erschaffst du deine Realität, dein Leben auf der Erde. Diese Strukturen lagern in deinem Unterbewußtsein. Die meisten sind konstruktiv und gut und helfen dir, in Klarheit zu erschaffen. Diese Glaubensstrukturen hast du dir aus all deinen Erfahrungen erworben, seit du die QUELLE verlassen hast. Es gibt einen kleinen Prozentsatz, den man „falsche Glaubenssätze" nennt, weil sie nicht klar sind und in deinem schöpferischen Prozeß auch nicht klar verstanden werden. Sie müssen verändert werden, um einen freieren Fluß zu schaffen. Mit diesen falschen Strukturen, die deine gegenwärtige Realität verzerren, will ich mich jetzt befassen. Ich will dir dabei helfen, zu verstehen, wie sie die Unklarheiten in deinem Leben schaffen, damit du sie fallen lassen kannst.

Dein Unterbewußtsein baut sich, wie eine Zwiebel, aus Schichten auf. Als du die QUELLE ganz zu Anfang verlassen hast, bildetest du dir aus deiner ersten Erfahrung als ein individueller Fokus einige Glaubensstrukturen aus, und aus diesen Strukturen heraus begannst du, zu erschaffen und ein Verständnis auszubilden. Einige dieser Strukturen wurden durch deine Angst gefärbt, ein individueller Fokus zu sein und die Arbeit nicht gut genug zu tun, um der QUELLE zu gefallen. Schon damals fingst du an, einige dieser unklaren Energien aufzunehmen, die geklärt und durchgearbeitet werden müssen. Du warst sehr eifrig, Erfahrungen zu sammeln. Wie ein Säugling, der mit seinen Fingern und Zehen spielt, wenn er sie einmal entdeckt hat, machtest du immer neue Erfahrungen und entdecktest neue Möglichkeiten, die Schöpfung zu sehen. Der Säugling wurde zum Kleinkind, berührte, fühlte und entdeckte, und manchmal machte es etwas kaputt. Also, wenn es keine Angst gibt und keiner dem Kleinkind sagt, daß es etwas Unangemessenes getan hat, dann weiß es gar nicht, daß es etwas Unerwünschtes tut, oder nicht? Es wird ohne Angst und ohne falsche Glaubenssätze weiter seine Erfahrungen sammeln.

Als Monade kamst du mit Angst und Versagen in deiner Umgebung in Berührung, und daraus hast du deine gesamte Realität gebildet. Mit anderen Worten: Du hast alle folgenden Bewußtseinsschichten aus diesen falschen Strukturen heraus geschaffen. Sie sind deshalb falsch, weil die Schöpfung nicht urteilt und alles auf der höchsten Verständnisebene vollkommen ist.

Jetzt würde ich dir gerne zeigen, wie du diese Strukturen auflöst, damit du über ihre Ursachen hinausgehen kannst. Dein Unterbewußtsein sieht keine Unterschiede zwischen einem vergangenen Leben und dem gegenwärtigen. Es kann nicht argumentieren. Es hat keinen Bezug zu logischen Prozessen. Wenn es eine vergangene Erfahrung als gefährlich registriert hat, weil du von einem wilden Tier angegriffen wurdest, während du in eine dunkle Höhle gingst, dann wird dein Unterbewußtsein dir immer noch sagen: In einer Höhle sind wilde Tiere, die dich angreifen werden, wenn du ihr zu nahe kommst. Erkennst du die Verzerrung? Und weil du diese Angst ausstrahlst, wirst du diese Situation wieder anziehen. Wenn du, als Frau, glaubst, daß Männer dich ausnutzen, wirst du diesen Typ Mann in deinem Leben anziehen. Wenn du, als Mann, glaubst, daß man Frauen nicht trauen kann oder daß sie nicht mit Geld umgehen können, wirst du in deinem Leben diesen Typ Frau anziehen. Wenn du das ändern willst, mußt du das Denkmuster auflösen, das sagt, daß das so ist.

Dein Unterbewußtsein ist nicht bereit, diese Informationen freiwillig aufzugeben. Darum habe ich das Symbol eines Dreiecks gewählt, um in dein Unterbewußtsein zu gelangen. Denn es spricht gut auf Symbole an. Jetzt beginnen wir mit der neuen Erfahrung, ein falsches Glaubensmuster aufzulösen. Schließe deine Augen und visualisiere ein Dreieck vor dir. Es kann klein sein, gerade so groß, wie es dir angenehm ist. Schreibe jetzt mit deinem spirituellen Finger auf die Spitze des Dreiecks: ICH LÖSE MEINE WIDERSTÄNDE AUF, MICH ALS EIN GÖTTLICHES WESEN ANZUNEHMEN. Nun fahre fort, auf die linke Seite des Dreiecks alle falschen Glaubenssätze zu schreiben, die dich davon abhalten, dieses Ziel zu erreichen. Jetzt werde ich weitermachen und dir einige falsche Strukturen geben, die ganz allgemein, aber sehr wirkungsvoll sind: ICH KANN ES NICHT TUN/ ICH BIN NICHT GÖTTLICH/ ICH BIN UNWÜRDIG/ NOCH LANGE NICHT VOLLKOMMEN/ ES IST EIN SAKRILEG, SO ETWAS ANZUNEHMEN/ ANGST VOR DER VERANTWORTUNG. Schreibe danach mit deinem spirituellen Finger auf die rechte Seite des Dreiecks: ICH STECKE IN DER BEEINFLUSSUNG AUS DER VERGANGENHEIT FEST/ ANGST VOR DIESEM GÖTTLICHEN ZUSTAND/ VERSAGEN/ PANIK. Aktiviere jetzt das Dreieck mit den Farben *grün* und *blau,* indem du die äußeren Linien wie eine Neonreklame im Uhrzeigersinn fließen läßt. Lasse jede Farbe dreimal herumfließen. Stelle dich jetzt selbst in die Mitte des Dreiecks. Ich habe einige von euch, die mit dieser Methode schon vertraut sind, dabei beobachtet, wie sie sich abmühten, ihr Selbst, das viel größer als das Dreieck war, in dasselbe hineinzubringen. Meine Lieben, macht euer Selbst so klein, daß es in das Dreieck paßt, denn ihr habt es so groß geschaffen, wie es euren Bedürfnissen entspricht.

Das Dreieck ist von sechs Türen umgeben. Drei Türen sind auf der linken, drei auf der rechten Seite des Dreiecks.

Ich löse meine Widerstände auf,
mich als ein göttliches Wesen anzunehmen.

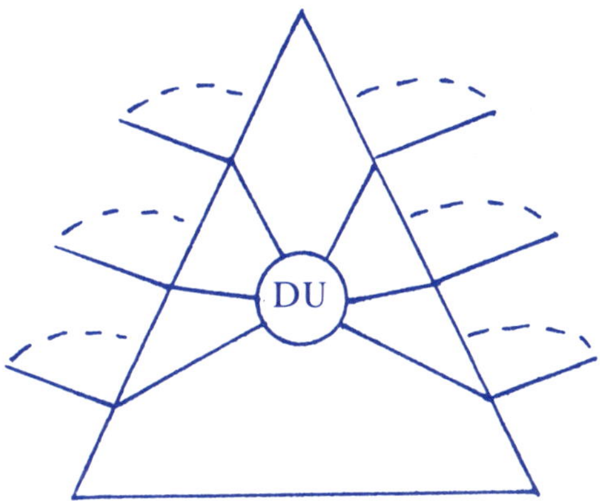

Ich kann es nicht tun/ Ich bin nicht göttlich/ Ich bin unwürdig/ noch lange nicht vollkommen/ es ist ein Sakrileg, so etwas anzunehmen/ Angst vor der Verantwortung

Ich stecke in der Beeinflussung aus der Vergangenheit fest/ Angst vor diesem göttlichen Zustand/ Versagen/ Panik

Lege jetzt von der Mitte, wo du dich befindest, eine braune Gasleitung in jede Tür hinein. Das geschieht ganz schnell. Hinter jeder Tür ist ein Symbol, das zerstört werden muß. Diese Symbole stehen für die falschen Glaubenssätze rund um das Dreieck. Öffne den Gashahn, der sich in der Mitte des Dreiecks befindet. Verlasse jetzt das Dreieck, zünde ein Streichholz an und wirf es in die Mitte. Das Gas entzündet sich und läßt alle Symbole, alle Unklarheiten in Stücke zerspringen. Sieh jetzt eine *violette Spirale* von der spirituellen Ebene kommen und alles verwandeln, was noch übriggeblieben ist.

Du hast gerade diese Glaubensstruktur durch deine Imagination, deine kreative Kraft, vollständig aufgelöst. Diejenigen von euch, die diese Methode zu gewaltsam oder destruktiv finden, können folgende Methode benutzen: Laß von der spirituellen Ebene eine *goldene Röhre* herunterkommen, die groß genug für dich und deine Glaubensstrukturen, die du aufgeschrieben hast, ist. Stoße diese goldene Röhre tief in die Erde. Aktiviere jetzt mit deinem Willen den Sog, der sich an der Spitze der Röhre befindet. Er wird alle Unklarkeiten aufsaugen. Wenn sie aufsteigen, werden ihre Schwingungen immer feiner, bis sie ganz leicht geworden sind. Fühle nun deine physische Struktur und deinen Energiekörper. Fühlst du, daß sich etwas verändert hat? Fühlst du eine Erleichterung? Die meisten werden es fühlen. Diejenigen, die gar nichts fühlen, sollen darauf vertrauen, daß der Auflösungsprozeß wirkt, daß er deine Glaubensstrukturen verändert und dich von deinem zwanghaften Verhalten befreit.

Was ist denn nun falsch, wenn du nach Auflösung eines solchen Musters immer noch dasselbe Problem hast? Mein Liebes, es ist gar nichts falsch. Diese Muster bestehen aus vielen Schichten und müssen jedesmal, wenn sie wieder erscheinen, aufgelöst werden. Sie mögen bei jedem Erscheinen eine etwas unterschiedliche Formulierung haben, doch die Grundstruktur bleibt dieselbe. Wenn du ein Muster herausgenommen hast, dann gib ihm Zeit, sich zu verändern. Es ist so, als ob du einen schweren Ziegelstein von einem Plüschteppich nehmen wolltest, auf dem er einige Zeit gelegen hat. Wenn du den Stein weggenommen hast, wird der Teppichflor eine Weile brauchen, um sich wieder aufzurichten.

Da das Muster jetzt aufgelöst ist, kannst du alle Gewohnheiten aufgeben, die mit ihm verbunden waren. Wenn du sie nicht losläßt, und dazu wirst du die Kraft deines Willens brauchen, kann sich dieses Muster wieder bei dir einnisten. Ich will dir ein Beispiel geben: Du kommst ständig zu spät zu deinen Verabredungen. Du entfernst die Ursache, doch die Gewohnheit, unpünktlich zu sein, ist immer noch vorhanden. Was kannst du tun? Du mußt damit beginnen, im voraus zu planen, von Zeit zu Zeit auf deine Armbanduhr zu schauen und denen, die dich gerade anrufen, sagen, daß du beim Hinausgehen bist und jetzt nicht sprechen kannst. Doch nachdem du das Muster herausgenommen hast, mein Freund, wird es dir viel leichter gelingen, das zu verändern, was du schon früher verändern wolltest. Kannst du den Unterschied sehen?

Auf den folgenden Seiten will ich dir allgemeine Glaubenssätze für besondere Gebiete geben. Wenn du sie auflöst, werden sie dir sehr helfen. Wenn du sie nur liest, erreichst du gar nichts oder sogar das Gegenteil. Für tiefere Bereiche sind individuelle Sätze notwendig, um die falsche Struktur auszulöschen.

Strukturen, die sich mit Widerständen befassen

Widerstände sind Signale deines Unterbewußtseins, die dir sagen: Dies hier ist zu gefährlich, um weiterzugehen; genau hier mußt du aufhören; tu das nicht, sonst wirst du deine physische Struktur verlieren usw. Um Zugang zu deinem Unterbewußtsein zu finden, mußt du vorher die Widerstände dagegen auflösen. Es gibt viele Bereiche, in denen Widerstände bestehen. Ich werde viele, doch nicht alle, berühren.

Ich löse die Widerstände gegen den Klärungsprozess auf

Nicht möglich/ nicht wünschenswert/ potentiell gefährlich/ kann da nicht hinein, um es aufzulösen/ Angst vor dem Unbekannten Angst, ein Trauma zu aktivieren/ Verlust/ Sorgen/ weiß nicht, wie/ das ist zu leicht und wird überhaupt nichts bringen/ muß es noch härter versuchen

Ich lasse die Angst vor Verlust/ Zerstörung gehen, wenn ich mit Spirituellen Wesen Kontakt habe, die mir beim Klärungsprozess helfen

Widerstand/ zu schwierig/ ich bin mir dessen nicht bewußt/ kann ihnen nicht trauen/ ohne Kampf kann es keine Erlösung geben Es überfällt mich automatisch/ bin hilflos in ihrer Gewalt verloren/ kann mich nicht konzentrieren/ das Überlebenssyndrom wird aktiviert

Ich verwandle den Widerstand gegen die kampflose Integration der Energien

das schafft automatisch Widerstände/ Angst, ausgeunfähig, mir das zu erlauben/ Angst/ Trauma aus brannt zu werden/ Angst, mich selbst zu verlieren/ mein Energiekörper ist nicht im Gleichgewicht

meiner Vergangenheit kommt in meine Gegenwart und verwirrt mich/ kann den Kampf nicht vermeiden

ICH LÖSE DEN WIDERSTAND GEGEN EINE SICHT MEINER SELBST AUS EINER NEUEN PERSPEKTIVE AUF

Es wird das Bild zerstören, das ich von mir selbst habe/ stiftet Verwirrung/ bin unwürdig/ Angst, meine Unterlegenheit zu entdecken

Dies ist mein Schutz/ kann es nicht ändern/ gefährlich, es zu verändern/ ich muß das anschauen, was mir vertraut ist

ICH ERKENNE, DASS ICH KEINE WIDERSTÄNDE BRAUCHE, DENN ICH WERDE NICHT NEGATIV BEEINFLUSST, WENN ICH MEINE WIDERSTÄNDE AUFGEBE

Eine Glaubensstruktur antwortet mir beständig, daß es doch so ist/ werde in einem emotionalen Reaktionsmuster festgehalten, das schmerzt, wenn es berührt wird

Ich verfange mich in Verzögerungstaktiken, die destruktiv wirken/ kann den Widerstand nicht aufgeben/ ich werde durch etwas gefangen, das auf diese Struktur reagiert

ICH LÖSE SPEZIELL DAS WIDERSTANDSMUSTER AUF, DAS MEINE ENTSCHEIDUNGSFREIHEIT BLOCKIERT

Ich vermeide es, sie zu erreichen, um sicher zu sein/ ich werde auf ewig in einem Reaktionsmuster gefangen und festgehalten/ Fehleinschätzung des Loslassens

Hier habe ich keine freie Wahl/ ich kann überhaupt keinen neuen Fokus annehmen/ festgefahrene Assoziationen/ hilflos/ hoffnungslos/ wenn ich meine freie Wahl akzeptiere, könnte ich sie mißbrauchen

Ich will meinen Widerstand gegen meine Ausdehnung ins Unbekannte aufgeben

Eine spezielle Angststruktur steigt in mir auf und bringt meine Absicht durcheinander/ überwältigt von dem, was mir auf meinem Weg begegnen könnte/ mir ist dieses neue Gebiet nicht bekannt und deshalb kann ich ihm nicht vertrauen

Durch eine Fehleinschätzung sehe ich meinen Widerstand als meine Rettung/ Angst vor dem Unbekannten/ was ich nicht kenne, dem kann ich nicht trauen/ muß es nicht annehmen/ Angst, meine physische Struktur zu verlieren

Ich erkenne, dass der Widerstand, der mich festhält, jetzt durch eine andere Wahl aufgelöst werden kann

Ich weiß nicht, wie ich das tun soll/ besondere Unsicherheit, die dem Versuch, etwas zu ändern, widersteht/ Trauma/ Hilflosigkeit offenbart sich jetzt

Ich kann es nicht sehen/ Verwirrung/ unfähig, klar zu erkennen/ Zusammenbruch, den ich nicht erwarte, wenn ich mich hier gehenlasse/ Schwierigkeit, weiterzugehen

Ich gebe den Widerstand auf, der mich davon abhält, mein erwünschtes Ziel zu erreichen

Sorgen/ Blockaden/ ich will mich nicht in einem Gebiet bewegen, in dem ich mich nicht auskenne/ Zwangsreaktion, die den Fluß jetzt stört

Unsicherheit/ kann mich aus diesem verstrickten Zustand nicht befreien/ stecke in diesen Energien aus der Vergangenheit fest/ das Ziel könnte destruktiv wirken, und darum ist es das beste, es gar nicht zu erreichen

ICH SEHE, DASS DER WIDERSTAND, DER AUS MEINEM UNTERBEWUSSTSEIN KOMMT, MICH AN MEINER BEWUSSTSEINSERWEITERUNG HINDERT, UND ICH ERLAUBE MIR JETZT, DIESE ZUZULASSEN

Ich weiß nicht, wie ich es tun soll/ spezielle Unsicherheit, die dem Versuch, etwas zu verändern entgegenwirkt/ Verlustangst/ Trauma/ meine Hilflosigkeit offenbart sich jetzt

-----

Ich kann es nicht sehen/ Verwirrung/ unfähig, klar zu erkennen/ der Aufprall wird unerwartet sein, wenn ich mich hier gehen lasse/ Schwierigkeiten, hier weiter zu gehen

-----

Ich bin darin gefangen/ kein Ausweg in Sicht/ Angst vor der Verantwortung/ ich spüre dort eine besondere Zerstörung

Überwältigt/ spezieller Widerstand, den ich manifestieren muß, um zu überleben/ ich will mich nicht ausweiten/ ich brauche den Widerstand als Schutz

Strukturen, die sich mit Selbstliebe befassen

Das Gebiet der Selbstliebe ist für dich besonders wichtig zu klären. Wenn du dich nicht selbst liebst, kannst du das, was dir zusteht, nicht empfangen. Ohne dich selbst zu lieben, kannst du dein spirituelles Erbe nicht annehmen.

All die Zeit, die du in vergangenen Leben in Klöstern verbracht hast, hat man dich immer gelehrt, dich selbst hintanzustellen und dadurch zu dienen, daß du deine eigene Göttlichkeit leugnetest. Was hat das bedeutet? Dir wurde gesagt, daß du minderwertig, unwürdig und schlecht bist und daß du kein Recht hast, dich als einen Teil der QUELLE zu empfinden. Doch das ist keine göttliche Verhaltensweise. Die folgenden Strukturen werden dir dabei helfen, einige dieser falschen Glaubensmuster loszulassen.

Ich löse alle Ängste auf, dass ich für immer verdammt werde, wenn ich mich selbst liebe

Stecke in einer Schlinge aus Angst fest, die aus meiner Vergangenheit kommt/ Beeinflussung aus meinen Leben in Klöstern/ unwürdig/ Verwirrung

Gefangen in einem Vertrauensmangel, der mir nicht erlaubt, meine alten Gewohnheiten loszulassen/ Verlust/ Angst/ habe die Beeinflussungen zu meiner Wahrheit gemacht

Ich erlebe die neue Realität, die mir sagt, dass ich ein göttliches Wesen bin und glücklich alle Aspekte der Göttlichkeit erfahre

Keine Möglichkeit, mich daran anzuschließen/ vielleicht später, doch nicht jetzt/ so weit bin ich noch nicht/ diese Verbindung habe ich verloren

Für die Göttlichkeit bin ich nicht vollkommen genug/ habe die Verbindung verloren und das leitet mich fehl/ zu schwierig

Ich erlaube dem Unterbewusstsein, die falschen Glaubensstrukturen loszulassen, die mich davon abhalten, mich selbst zu lieben

Brauche Hilfe/ ich kann das nicht alleine tun/ Frustration/ Angst, zu versagen/ habe Angst, irregeleitet zu werden/ habe meine Macht verloren, mit dem Unterbewußtsein zu kommunizieren

Spezifische Unfähigkeit, zu erkennen, was Selbstliebe bedeutet/ Ich liebe mich selbst und bin frustriert, daß ich etwas ändern soll/ keinen Zweck, mich weiter überzeugen zu wollen/ es macht mich einfach hilflos

Ich lasse das Gefühl der Minderwertigkeit los, das mir andere vermitteln

Spezifische Unsicherheit, die mich dazu bringt, die Wahrheiten anderer anzunehmen/ falsche Wahrnehmung, die mich davon abhält, die Realität in mir zu sehen/ schwierig, gegen die Angst anzukommen, die aus der Vergangenheit aufkommt

Ich bin darin gefangen, weil ich mich nicht unter Kontrolle habe/ bin von einer Zwangsreaktion gefangen und festgehalten/ kann mein Selbst nicht vor anderen Schwingungen schützen/ muß sie in mich aufnehmen und zu meinen eigenen machen

Ich erkenne, dass ich die Wahl habe und benutze sie dazu, mich von meiner Selbstbestrafung zu befreien

Unangemessen/ ich kann das, was schon so lange bei mir ist, nicht verändern/ was ich in der Vergangenheit geschaffen habe, kann ich nicht jetzt verändern

Falsche Assoziationen/ Verlust/ Angst/ ich habe geschworen, es zu tun/ Unsicherheit steigt in mir auf, wenn ich versuche, das zu tun/ schwierig, das gehenzulassen, was ich zu einem Teil von mir gemacht habe

Ich liebe und erkenne mich selbst an

Mir ist nicht bewußt, daß ich hier einen Mangel habe/ wie kann ich mich selbst in diesem unvollkommenen Zustand annehmen/ das hat für mich keine Realität/ Selbstliebe ist ein Sakrileg/ das darf man nicht tun

Hier wird der Gegentakt aktiviert/ ich weiß nicht, wie ich in einem Gebiet Klarheit bekommen soll, in dem meine Lehren aus der Vergangenheit genau das Gegenteil besagen/ Verwirrung/ Angst/ unwürdig/ Einsamkeit

ICH SEHE MEIN WAHRES SELBST MIT DEN AUGEN DER EINHEIT

Das geht über mein gegenwärtiges Verständnis/ Ich bin kein Teil der Einheit/ fühle mich abgetrennt/ unwürdig und unfähig, solch eine große Ehre anzunehmen

Bin in der Vergangenheit gefangen/ Verwirrung/ zerstreute Energien/ Aktivierung der Glaubensstruktur, daß ich gar nicht erst versuchen soll, einen so hohen Zustand erreichen zu wollen

ICH ERKENNE, DASS MEINE VERGANGENHEIT FÜR MEIN ÜBERLEBEN IN DER GEGENWART NICHT NOTWENDIG IST

Zu schwierig zu verändern/ kann ich nicht glauben/dem kann ich nicht vertrauen/ will mich mit diesem Gebiet jetzt nicht auseinandersetzen

Zwanghaftes Bedürfnis, mich selbst klein zu halten/ das wird mich auf die Dauer aber besser machen/ ich muß auf vertrautem Boden bleiben

ICH ERLAUBE MIR SELBST, MEINE GÖTTLICHKEIT VOLL ZU AKTIVIEREN UND DAS AUSZUSCHALTEN, WAS MICH AN MEINEM ZIEL HINDERT

Bin zu eingeengt, um Göttlichkeit zu erfahren/ fühle mich nicht in Kontakt mit diesem Teil meines Selbstes/ eine Kommunikation mit meinem göttlichen Selbst ist unmöglich

Angst, zu versagen/ ich kann weder dem Selbst noch der Göttlichkeit voll vertrauen/ ich würde wider mein besseres Wissen handeln, wenn ich das tun würde/ Feststecken/ Hilflosigkeit

ICH WEISS, DASS ICH WÜRDIG UND AUSGEGLICHEN BIN UND VERTRAUE UND HANDLE DEMENTSPRECHEND

Das ist nicht die Realität für mich/ fühle mich abgeschnitten/ vergessen/ auf Eis gelegt/ eingeengt/ ich kann es nicht glauben/ so weit bin ich noch nicht

Ich verdiene das nicht/ damit kommt viel zu viel Verantwortung auf mich zu/. stecke in Mustern fest, unwürdig zu sein/ die Regung, mich selbst zu bestrafen, wird aktiviert

Strukturen, die die Polaritätsebene klären

Das Dasein auf der Erde bedeutet, daß wir lernen müssen, in der Polarität zu leben. Das Element der Opposition muß überwunden und aufgelöst werden. Die Menschheit hat in diesem Bereich viel zu kämpfen. Doch die folgenden Gedankenstrukturen werden dabei helfen. Dieses Gebiet ist für jeden von euch sehr tief, und jeder muß persönlich daran arbeiten, um das Gefühl der Trennung zwischen den Polaritäten aufzuheben.

ICH LÖSE DAS STÖRENDE GEDANKENMUSTER AUF, DAS VERSUCHT, MICH VON DER GEGENSÄTZLICHEN POLARITÄT ZU TRENNEN

Ich weiß nicht, wie ich das tun soll/ Wahrnehmungsverlust, der meine Fähigkeit, zu fließen, verzerrt/ ich kann der Gegenseite nicht vertrauen/ Angst davor, eingenommen zu werden/ manipuliert

Ich werde durch meine Ängste festgehalten/ die Kontrollstruktur wird aktiviert/ Verlust der Ausgeglichenheit/ nicht mehr im ausgeglichenen Zustand/ werde von den Auswirkungen eingesperrt/ Gefahr

ICH REAGIERE DARAUF, WIE MEIN UNTERBEWUSSTSEIN DIE POLARITÄT IN MIR WAHRNIMMT

es geschieht zwanghaft/ ich muß die emotionalen Reaktionen auf Erfahrungen in früheren Leben herausbringen/ ich bin unfähig, zu entscheiden, welches Verhalten für mich richtig ist

Es ist schwierig, loszulassen und ausgeglichen zu fließen/ ich bin unfähig, die Wahrnehmungen aus vergangenen Leben loszulassen/ ich muß mein Selbst vor der negativen Beeinflussung durch die Opposition schützen/ Widerwillen, zu vertrauen

Ich gleiche das Polaritäts-Chakra in mir aus

Ich weiß nicht wie/ ich will es, habe aber keinen Erfolg/ verstehe dieses Gebiet nicht/ Turbulenzen, die mich davon abhalten, die nötige Ausgeglichenheit zu erreichen

Der Integrationsprozeß frustriert mich/ ich werde durch eine immer intensivere Energie verwirrt, die den gegenteiligen Effekt auslösen will

Ich verbessere die Beziehung zwischen männlich und weiblich in mir

Ich habe nicht genügend Verständnis, um das zu tun/ ich werde ungeschützt sein und mich selbst verlieren/ werde von der gegensätzlichen Polarität überrannt werden

Ich bin unfähig, die Energien so fließen zu lassen, daß sie sich miteinander vertragen/ habe feste Reaktionen auf beiden Seiten des Poles/ Widerstand

Ich arbeite in mir an einer höheren Polaritätsebene

Das kann ich nicht tun/ ich weiß nicht, wie/ kann diesem Prozeß kein Vertrauen schenken/ ich will das Risiko nicht eingehen, die Stellung meines Selbstes zu verlieren

Der ausgerichtete Fluß wird dadurch umgekehrt, und das zerstreut eher, als daß es vereint/ Schwierigkeiten, mich auf einen einheitlichen Zugang einzustellen

Die Konfliktpunkte der Polarität in mir selbst fliessen wieder frei

Ich muß für meinen Teil kämpfen, der mir vernachlässigt erscheint/ ich kann das nur von meinem Stand-

Ich kann das volle Potential meiner Seite nicht aufbringen, ganz gleich, wie stark ich es versuche/ die Sicht meiner

punkt her akzeptieren/ bin unfähig, beide Pole harmonisch zusammenzubringen

Wahrnehmung ist verzerrt und ermöglicht es mir nicht, meine gegensätzliche Polarität klar zu erkennen

DIE ANTAGONISTISCHEN SPANNUNGSPUNKTE IN MEINER GLAUBENSSTRUKTUR ÜBER DIE POLARITÄT BEGINNEN FREI ZU FLIESSEN

Ich kann die Gegensätze nicht loslassen, die ich zwischen diesen beiden Energien fühle/ ich habe zu hart für meine gegenwärtige Wahrnehmungsweise gearbeitet und werde sie darum nicht aufgeben

Der freie Fluß ist zu intensiv/ das bewirkt Unausgeglichenheiten in gegenwärtigen Beziehungen/ ich muß die Unausgewogenheit in meiner Beziehung dauernd betonen/ ich kann den Machtfaktor nicht in ein verständnisvolles Miteinander zwischen den gegensätzlichen Punkten verwandeln

ICH ERKENNE DIE GÖTTLICHE STRUKTUR MEINER SELBST ALS MANN/ ALS FRAU

Ich bin unfähig, beides auszubalancieren/ Intensität, die ich ausdrücken muß/ ich habe diese Göttlichkeit verloren

Das ist hier, in der dritten Dimension, nicht möglich/ das kann ich für mich selbst nicht annehmen/ Zwangsverhalten, das sich in Form von störender Energie ausdrückt

ICH ERREICHE EINEN AUSGEGLICHENEN ZUSTAND ZWISCHEN DEN POLARITÄTEN IN MIR SELBST

Da gibt es nur Spannungspunkte/ es gibt dort keine

Es gibt keine Mittel, mit denen ich das erreichen

Ausgewogenheit/ Angst, manipuliert und ausgenutzt zu werden/ es gibt keine Gleichheit/ Männer sind stärker und dominieren/ Frauen sind sanft und unterwürfig

könnte/ Verlust der Individualität/ Widerstand/ es ist schwierig, alte Gewohnheiten zu verändern/ ich weiß nicht, wo ich den ausgeglichenen Zustand finden kann

ICH ERLAUBE MIR, MEINE JETZT AUSGEWOGENE POLARITÄT FREI ZUM AUSDRUCK ZU BRINGEN

Das kann ich nicht finden/ zu viel Arbeit liegt vor mir, bevor ich dieses Ziel erreichen kann/ ich weiß nicht genau, was im Bereich der Polarität von mir erwartet wird

Verwirrung darüber, wie dieser Bereich in mir ausgewogen werden kann/ schwierig, die Erfahrungen aus vergangenen Leben zu durchbrechen, wenn ich hier weitergehe/ ich kann diesen freien Fluß für mich selbst nicht akzeptieren/ kann ihm nicht vertrauen/ ein neuer Trick, um mich zu fangen und festzuhalten

Gedankenmuster, die sich mit der Angst vor Verantwortung befassen

Dieser Bereich liegt ziemlich tief begraben und ist nicht so leicht an der Oberfläche deiner täglichen Schöpfungen sichtbar. Hier liegt der Grund für viele Ängste verborgen, die nie verstanden worden sind. Je höher deine göttliche Absicht ist, um so belasteter ist dieser Bereich. Auf der Ebene des gemeinsamen Erschaffens hast du eine sehr große Verantwortung übernommen, und manchmal wurde es nicht so, wie du es dir vorgestellt hattest.

ICH LASSE DIE ANGST VOR DER VERANTWORTUNG LOS, DIE SICH IN MEINEM BEWUSSTSEIN VERBIRGT

So etwas gibt es nicht/ ich kann ihr nicht erlauben, an die Oberfläche zu dringen/ sie macht mein Leben schwer/ sie gibt mir keine Freiheit/ Überwältigung

Vergangene Erfahrungen auf anderen Ebenen wirken auf diesen Bereich ein/ ich stecke in einem Gedankenmuster fest/ es bedeutet, daß ich versagt habe/ die Unsicherheit über meine eigene göttliche Struktur bringt mir hier Konflikte

ICH LASSE DAS GEFÜHL LOS, ÜBERWÄLTIGT ZU WERDEN, WENN ICH MIT VERANTWORTUNG KONFRONTIERT WERDE

Dessen bin ich mir nicht bewußt/ ich bin dazu verurteilt, meine Erfahrungen auf der physischen Ebene zu machen/ stecke fest in vergangenen Erfahrungen/ keine Möglichkeit, dem auszuweichen/ Trauma/ Verlustangst

Unwürdig/ unfähig, hinter meine gegenwärtigen Ängste zu sehen/ das Reaktionsmuster wird aktiviert/ Widerstand/ ich will meinem Selbst nicht erlauben, seine wahren Möglichkeiten zu erkennen

ICH LÖSE DIE VERDREHTE GEDANKENSTRUKTUR AUF, IN DER ICH FESTSTECKE UND DIE LÖSUNGEN ZU FINDEN MEINT, INDEM SIE VERANTWORTUNG VERMEIDET

Bin hier zu schwer belastet auf dem Gebiet der Hilfe/ mein Unterbewußtsein hält mich zurück, hier zu tief einzudringen/ ich kann nicht zu

Verlust der Unterstützung, die ich auf der spirituellen Ebene hatte/ Schwierigkeiten, mir die freie Wahl zu erlauben/ ich bin nicht

dem Punkt der Entstehung des Widerstandes vordringen/ ein emotionales Reaktionsmuster wird aktiviert

fähig, hinter das Offensichtliche zu blicken/ das bedeutet Zerstörung

Ich gehe vorwärts in unbekannte Gebiete und akzeptiere die Verantwortung, die ich dadurch bekomme

Gefühl des Verlustes/ Ich werde in einem Reaktionsmuster festgehalten, das aus der Vergangenheit hereindrängt/ Verlustangst/ Zerstörung/ das Gefühl, abgeschnitten zu sein/ schwierig, hinter diese Angststruktur zu kommen

Belastet auf dem Gebiet der Hilfe und Fürsorge/ hier kann ich mich nicht erweitern/ die Angst baut eine Mauer auf, die ich nicht durchdringen und nicht überwinden kann/ ich bin unfähig, mir vorzustellen, wie das sein wird/ gefährlich, mich dem zu nähern

Ich löse das Bedürfnis auf, Verlust zu empfinden, wenn ich Verantwortung übernehme

Schwierig, den freien Fluß zu ermöglichen, den ich in diesem Bereich brauche/ besonders kritischer Berührungspunkt, mit dem ich mich nicht weiter befassen will/ ich kann den Verlust in keiner Weise vermeiden

Werde in einem Gedankenmuster gefangen und festgehalten/ kann es nicht vermeiden/ die Angst vor der Auslöschung meiner selbst überfällt mich hier/ das ist bei mir automatisch mit Fehlschlag verbunden/ Angst/ Zustand des Abgeschnittenseins

Ich traue mir wieder zu, Verantworung zu übernehmen, ohne Verlustgefühle aufkommen zu lassen

Ich kann mich da nicht an-

Ich sehe keinen Weg, wie ich

schließen/ Unklarheit/ Erwartungen, die ich nicht erfüllen kann/ schwierig, es von einem neuen Blickwinkel aus zu betrachten

das Trauma loslassen soll, das meine Anstrengungen behindert und stört/ Assoziationen über den eigenen Wert werden hier aktiv/ Trennung, die mein Selbstvertrauen schwächt

ICH ERLAUBE DEM GÖTTLICHEN WISSEN IN MIR, DIE WIDERSTÄNDE GEGEN DIE ERKENNTNIS, DASS ICH FÜR ALLE MEINE SCHÖPFUNGEN VERANTWORTLICH BIN, AUFZULÖSEN

Zu weit entfernt/ zu fern, um das zu erreichen/ damit bin ich allein/ Assoziationen der Einsamkeit/ ich kann nicht dahinterkommen/ Unsicherheit über meine eigene göttliche Struktur/ kann mir diesen Bereich nicht vorstellen

Verwirrte Energien/ Assoziation, zu versagen/ deswegen bin ich frustriert/ ich kann nicht sehen, daß ich diesen Zustand je erreiche/ kann mein persönliches Tief nicht überwinden

ICH LASSE DAS BEDÜRFNIS, UNVERANTWORTLICH HANDELN ZU WOLLEN, HINTER MIR

Andere werfen mir das vor, aber ich sehe das nicht so/ ich fühle mich gebunden/ ausgenutzt/ frustriert/ die Erwartungen, die die anderen an mich richten, machen mich unverantwortlich

Ich kann die alten Gewohnheiten nicht durchbrechen/ ich bin mir dessen nicht bewußt/ das muß sich vor mir verstecken, denn ich kann es nicht finden/ keine Konfrontation/ ich will diese Bürde nicht auf mich nehmen/ Überwältigung

Ich befreie mich von der Fehleinschätzung, dass ein Mangel an Verantwortung nichts mit mir zu tun hat

ich kann meinen Teil bei dieser Verantwortung nicht sehen/ andere sollen auch etwas tragen/ das hat nichts mit mir zu tun/ ich mache es gut, so wie ich es gerade tue

Widerstand/ Angst/ Trauma/ Verlust/ schicksalhafte Assoziation, die mich meiner Verpflichtungen enthebt/ die anderen können meinen Teil übernehmen/ ich kann die Realität nicht erkennen

Ich entscheide mich dafür, im Bereich der Verantwortlichkeit frei zu fliessen

Ich kann meine Rolle dabei nicht klar erkennen/ Überwältigung/ ich will nicht/ bin vom freien Fluß abgeschnitten

Kann diese Erwartungen nicht erfüllen/ ein Gedankenmuster gibt Antwort, das diesen Bereich leugnet/ viel zu weit von meinem Bewußtsein entfernt

Gedankenmuster, die mit Wertlosigkeit zu tun haben

Das, was dich häufig daran hindert, die Reichtümer des Universums zu empfangen, ist dein Gefühl, daß du sie nicht verdienst und daß du nicht würdig bist, ein Teil der QUELLE zu sein. Beeinflussungen aus der Vergangenheit stören dein Gefühl, wertvoll zu sein, und hemmen deine Fähigkeit, dich auf alles, was ist, harmonisch einzustellen. Der Wunsch, sich klein zu machen und zu verstecken, liegt im Massenbewußtsein und beeinflußt viele von euch. Sich würdig fühlen bedeutet, daß du vortrittst und alles beanspruchst, was dir dein göttliches Erbe verheißt. Doch es bedeutet auch, Verantwortung dafür zu übernehmen, ohne daß du Angst hast, bestraft oder ausgelöscht zu werden. Wenn du diesen Bereich klärst, wirst du einige deiner Vorstellungen verändern und dir selbst erlauben, wertvoll und ganz zu werden.

ICH LASSE DAS GEFÜHL LOS, UNWÜRDIG ZU SEIN

Wie soll ich das anstellen/ zu schwierig/ ich bin von dieser Doktrin durchdrungen/ ich sehe keinen Weg, der mich da raus führt/ es schleicht sich bei mir ein, und ich kann es kaum ausfindig machen

Ich bin nicht fähig, mit meinem göttlichen Selbst Kontakt aufzunehmen, das all diese Reichtümer für mich hat/ ich muß für vergangene (gegenwärtige) Taten büßen/ ich kann die Erlösung nur erlangen, wenn ich mich unwürdig fühle

ICH ERKENNE, DASS ICH DIE ERLÖSUNG DURCH DEN ÜBERFLUSS MEINER GÖTTLICHKEIT ERLANGEN KANN UND DASS ICH DAS GEFÜHL DER UNWÜRDIGKEIT NICHT LÄNGER AUFRECHTERHALTEN MUSS

Das glaube ich nicht/ in der Vergangenheit wurde mir etwas anderes beigebracht/ Glaubensstrukturen, die sich widersprechen/ ich kann die alte Beeinflussung nicht loslassen/ Angst, daß ich den falschen Weg wähle

Verwirrung/ Hilflosigkeit/ das Gefühl, festzustecken/ ich werde durch etwas gebunden, über das ich keine Kontrolle habe/ all meine Anstrengungen haben keinen Erfolg gebracht/ Frustration

ICH LASSE DIE VERWECHSLUNG VON UNWÜRDIGKEIT UND DEMUT LOS

Das ist für mich nicht real/ das ist ein und dasselbe/ Angst, daß ich dort verloren

Mir ist nicht bewußt, daß es da eine Verwechslung gibt/ falsche Beeinflussung aus

bin/ die Energien laufen hier zusammen

meiner Vergangenheit/ ich bin in der Verwirrung gefangen

ICH WEISS, DASS ICH EIN VERDIENSTVOLLES WESEN BIN, WÜRDIG, DEN GANZEN ÜBERFLUSS DES UNIVERSUMS, DER GERECHT VERTEILT WIRD, ZU EMPFANGEN

Das verstehe ich nicht/ meine Realität ist ganz anders/ um mich herum sehe ich nur das Gegenteil/ das kann ich nicht glauben/ damit kann ich nicht umgehen

Bin im Gegentakt gefangen/ bin durch meine falsche Wahrnehmung blockiert und festgehalten/ automatische Antwort auf Beeinflussungen aus meiner Vergangenheit/ das verdiene ich nicht/ Gefühl, überwältigt zu sein

ICH LASSE DAS GEFÜHL DER ÜBERWÄLTIGUNG LOS, WAS ICH IMMER DANN EMPFINDE, WENN ICH MEINEN VOLLEN WERT AKZEPTIERE

Damit kann ich jetzt nicht in Kontakt kommen/ ich stecke in einem Gedankenmuster des Verleugnens fest/ man hat mir gesagt, daß ich unwürdig bin/ da muß etwas dran sein/ Verwirrung

Ich glaube, daß ich den Überfluß durch mein Gefühl, unwürdig zu sein, erhalte/ ich habe diese Wahrheit akzeptiert, und ich fühle mich gut damit/ Angst, meine Glaubensstrukturen zu verändern/ ich kann nicht sehen, daß ich göttlich bin oder ein Teil der Einheit

ICH ERLAUBE MIR, MEINE GÖTTLICHKEIT ZU ERKENNEN UND DAMIT ZU EXPERIMENTIEREN

Das ist überhaupt nicht möglich/ ich bin in Beein-

Damit ist viel zu viel Verantwortung verbunden/ damit

flussungen aus der Vergangenheit gefangen/ fühle mich abgetrennt und unwürdig/ stecke in einem Gedankenmuster fest, das mir nicht erlaubt, so zu handeln

will ich nicht in Berührung kommen, denn es wird mich überwältigen/ ich muß mich selbst für vergangene Sünden bestrafen/ habe die Verbindung verloren

ICH LÖSCHE DIE FALSCHE EINSTELLUNG AUS, DASS ICH DIE QUELLE ENTTÄUSCHT HABE UND UNWÜRDIG BIN, EIN TEIL VON IHR ZU SEIN

Ich muß meinem Selbst jeden Überfluß versagen/ für diese Enttäuschung muß ich büßen/ darum komme ich nicht herum/ Angst, verloren zu sein/ kann die Realität nicht sehen/ unmöglich, diesen Bereich mit den klaren Augen meines höheren Selbstes zu sehen

Illusion/ Angst/ das Gefühl, von der Quelle vergessen zu sein/ ich bin in meinen alten Gedankenmustern gefangen/ kann mich nicht an meine Würde anschließen/ das ist für andere, doch nicht für mich

ICH LASSE MEINE KREATIVITÄT NICHT DURCH MEIN GEFÜHL, UNWÜRDIG ZU SEIN, BEEINTRÄCHTIGEN

Gedankenverbindungen zu Einsamkeit werden hier aktiviert/ ich bin nicht fähig, hinter diese offensichtliche Fehleinschätzung zu schauen/ ich bin darin gefangen/ es gibt keinen Ausweg/ in diesen Begrenzungen muß ich aushalten

Gedankenverbindungen, die sich auf Würde beziehen/ ich habe aufgegeben und warte darauf, was Gott für mich für richtig hält/ Selbstmitleidssyndrom/ „Einpflanzungen“ im Gebiet Unterstützung/ es scheint, daß ich die Wahrheit nicht herausfinden kann

Ich sehe einem Leben entgegen, das frei von Gefühlen der Unwürde ist

Ich kann nicht glauben, daß das möglich ist/ weiß nicht, wie ich das vollbringen soll/ ein anderer muß das für mich tun/ ich werde von diesem neuen Gefühl der Würdigkeit geblendet

Zu schön, um wahr zu sein/ Angst, daß es an mir vorübergeht/ werde in einer Wirkung gefangen, die aus meiner Vergangenheit aufsteigt/ Gefühl des Verlustes/ ich werde meine Würde dann im Jenseits ernten

Ich lasse die Schuld los, die mich davon abhält, meine volle Würde anzunehmen

Dessen bin ich mir nicht bewußt/ es ist zu tief verborgen/ ich will mich nicht damit befassen/ ich kann nicht erkennen, was das mit Würde zu tun haben soll/ Selbstbestrafung wird aktiviert

Widerstände, diese Energien zu konfrontieren und auszulöschen/ Angst/ Gefangensein/ kann nicht erkennen, was real ist/ bin durch meine Erfahrungen auf der Erde davon abgeschnitten

Gedankenmuster, die sich mit Schwierigkeiten in der Gruppe befassen

In eurem Massenbewußtsein gibt es viele falsche Glaubensstrukturen, die sich auf Interaktionen innerhalb der Gruppe beziehen. In eurer Vergangenheit sind viele von euch von Gruppen „fertiggemacht" worden, und deshalb ist dein Unterbewußtsein nicht gewillt, dir nochmal einen engen Kontakt mit einer Gruppe zu gestatten. Doch indem du dich von der Gruppenerfahrung abschneidest, verwehrst du dir gleichzeitig auch die Stärke, die so eine Gruppe bietet. Mein Liebes, es ist an der Zeit, diesen Bereich von mangelndem

Vertrauen, von Angst und Isolation zu befreien.

ICH ERLAUBE MIR, MICH IN EINER GRUPPE LEICHT UND ANGESCHLOSSEN ZU FÜHLEN

Das will ich nicht, das wage ich nicht/ es wird mich zerstören/ Widerstand/ Angst/ das rührt in mir eine spezielle Einpflanzung auf, die ich nicht verleugnen kann/ es überfällt mich automatisch

Ich bin darin gefangen/ habe keine freie Wahl/ wenn ich einfach vertraue, werde ich hinterrücks betrogen/ Verlust/ Urteil/ muß meine Energien zurückhalten und mich schützen

ICH BAUE EINE VERTRAUENSBASIS AUF UND NEHME AN DEN INTERAKTIONEN DER GRUPPE TEIL

Schwierigkeiten, mich in der Gruppe anzugleichen/ Verlust der Identität/ erst nützen sie dich aus und dann verstoßen sie dich/ ich kann das Vertrauen nicht aufbringen, das hier nötig wäre/ ich sehe keinen Weg, mich wegen meiner Einpflanzung in der Vergangenheit hier einzufügen

Gefühl des Rückzugs wird automatisch aktiviert, wenn ich an Gruppenaktivitäten teilnehme/ ich muß mich da heraushalten, um sicher zu sein/ zerstörerische Assoziationen brechen hier ein/ ein ganz spezieller Machtkampf drängt sich in den Vordergrund und nimmt mich gefangen

ICH LASSE DAS TIEF VERBORGENE PROGRAMM LOS, DAS SICH AUF GRUPPENERFAHRUNGEN BEZIEHT

Schwierig, diese Zwangsauswirkungen loszulassen/ kompliziert aufgebaute Glaubensstruktur, die meine Versuche, Klarheit zu gewinnen,

Keine Möglichkeit, dem Verrat zu entkommen/ Täuschung/ Verlust/ Vernichtung/ Zorn, der aktiviert wird, wenn ich versuche, in-

unterläuft/ ich bin das Opfer der Gruppe/ mir wird nicht erlaubt, ich selbst zu sein/ kann nur meine Schokoladenseite zeigen/ gerate automatisch in eine Verteidigungs- und Angriffshaltung

nerhalb einer Gruppe zu agieren/ ich fühle mich verleumdet/ abgeschnitten/ benutzt

ICH LASSE DEN WIDERSTAND LOS, MEINE ERFAHRUNGEN AUS VERGANGENEN LEBEN HINTER MIR ZU LASSEN UND MEINEN PLATZ IN DER GRUPPENSTRUKTUR EINZUNEHMEN

Ich bin in diesem speziellen Netz gefangen, das mir Angst macht/ Zorn/ Mißtrauen/ Intrigen/ ich kann die negativen Erfahrungen aus meiner Vergangenheit nicht loslassen/ ich werde etwas verlieren, wenn ich es tue/ ich muß mich verstecken, um sicher zu sein

Widerstand/ Abneigung/ ich kann dem nicht vertrauen/ es ist eine Falle/ muß vorsichtig inspizieren, ob das überhaupt funktionieren wird/ zyklische Auswirkungen aus meiner Vergangenheit stören mich hier/ das Gedankenmuster, es lieber zu umgehen, wird angeregt/ zwanghaftes Bedürfnis, das auszuschalten, um zu überleben

ICH ERLEBE WIEDER VERTRAUEN, LIEBE UND TOLERANZ INNERHALB EINER GRUPPE

Keine Möglichkeit/ sie wollen mich vernichten/ die Gruppe interpretiert das Leben völlig falsch/ Einpflanzung und Probleme, was die Toleranz betrifft/ dasselbe, was Unterstüt-

Angst davor, daß sie zurückschießen/ ich werde meinen Schutz (meine Deckung) verlieren/ ich werde in die Hände meiner Feinde fallen/ ich kann keine andere Sichtweise akzeptieren als

zung betrifft/ ich bin dazu verdammt, das zu erfahren

die eine, mit der ich durch meine Vergangenheit vertraut bin

ICH LASSE MEIN URTEIL ÜBER GRUPPEN LOS UND VERTRAUE AUF MEIN GÖTTLICHES WISSEN UND MEINE FÜHRUNG

Das ist unmöglich/ das ist meine Realität/ Angst, daß eine andere Sicht mich in die Irre führt/ falsche Vorstellungen, die durch Einpflanzungen in der Vergangenheit ausgelöst werden/ das ist meine Wahrheit/ ich kann mir nicht erlauben, mein Bewußtsein zu erweitern/ Gedankenstruktur, die emotionales Verhalten aktiviert

Ich stecke fest in Gedankenmustern/ kann das ganze Bild nicht sehen/ kann es unmöglich zusammenbringen/ Assoziationen mit Macht brechen hier ein/ ich bin durch ihre unterschiedlichen Zugänge verwirrt/ unbrauchbarer Zusammenschluß, in dem ich nicht funktionieren kann

ICH VERTRAUE UND UNTERSTÜTZE DAS GANZE, INDEM ICH INNERHALB EINER GRUPPE AGIERE

Angst/ Assoziationen zu Verlust drängen sich in den Vordergrund und zerstören meine Anstrengung/ ich muß meine Unterstützung zurückziehen, denn ich bekomme nichts zurück/ ich werde einsam und allein sein, wenn ich alles gegeben habe/ ich verstehe die logischen Zusammenhänge in einer Gruppe nicht

Toleranzprobleme/ ich bin in einer zwanghaften Antwort aus meiner Vergangenheit gefangen/ es ist mein Schicksal, den Weg allein zu gehen/ Guppen halten mich davon ab, mein Ziel zu erreichen

Ich lasse die zerstörerischen Assoziationen los, die ich mit Interaktionen in Gruppen in Verbindung bringe

Das ist ein Schutz, den ich nicht aufgeben darf/ Angst davor, schlecht gemacht zu werden/ bin abgeschnitten/ aus meiner vertrauten Umgebung geschleudert/ ich fühle mich unwürdig, Teil dieser Interaktion zu sein/ Assoziationen an Einsamkeit werden aktiviert

Ich fühle mich von der Gruppe nicht angenommen/ habe ihr nichts zu geben/ sie werden hinter meinem Rücken über mich reden/ sie werden mich angreifen, und dann muß ich mich verteidigen/ mein Zugang zu Gruppen ist unausgewogen/ sie werden mir alles ankreiden/ Widerstand

Ich fliesse in die integrierte Ganzheit, die mich unterstützt und liebt

Das habe ich noch nicht erfahren/ kann dem Ganzen nicht vertrauen/ tiefe Probleme mit Unterstützung/ ich bin vom Zentrum der Gruppe abgeschnitten/ in einer Gruppe fühle ich mich unwichtig

Das ist gefährlich/ es wird mich auslöschen/ es wird mir meine individuelle Sichtweise rauben/ ich muß mich auf ihre Normen einstellen/ sie nutzen mich aus und vergessen mich danach/ Energiestrom, der einen Kampf auslöst

Ich gebe mich der unterstützenden Ganzheit der Gruppe hin und erlaube mir, alle Urteile loszulassen, die mich davon abhalten können, diese Erfahrung zu machen

Ich kann nicht über meine eigenen Wünsche, Bedürfnisse und Sehnsüchte hinweggehen/ Märtyrersyndrom/

Die Gruppe läßt mir nicht genügend Raum/ sie geben mir keine Bestätigung/ sie lachen über meine Anstren-

tiefe Probleme, was die Freiheit betrifft/ sie drängen sich nach vorne und geben mir keine Chance, mich zu bestätigen

gungen/ sie beschuldigen mich dessen, was sie in mir sehen/ Verletzung/ Zorn

Gedankenmuster, die sich mit Übergewicht beschäftigen

Das Problem Übergewicht hat viele Facetten. Ein Grund besteht darin, daß man mit dem nährenden Aspekt der QUELLE nicht in Kontakt kommen kann und dies dadurch zu imitieren sucht, daß man physische Nahrung zu sich nimmt, die dem Körper, kurz nach der Aufnahme, ein Wohlbefinden verschafft. Ein anderes Gebiet, das der Klärung bedarf, ist das Bedürfnis, das festzuhalten, was du gerade jetzt hast. Du hast Angst, das zu verlieren, was dich unterstützt und ernährt. Es gab eine Zeit auf der Erde, wo du wohlgenährt sein mußtest, um spirituell akzeptiert zu werden. Das äußere Zurschaustellen der Genährtheit wurde so zu einem Zeugnis über deinen Wert. Doch war das eher eine äußere Manifestation als ein inneres Gefühl oder ein inneres Wissen.

ICH LASSE DEN GLAUBEN LOS, DASS ICH VOM NÄHRENDEN ASPEKT DER QUELLE ABGESCHNITTEN BIN UND DAS DURCH ZU VIEL ESSEN KOMPENSIEREN MUSS

Assoziation des Abgeschnittenseins, die stört und blockiert/ falsche Urteile über die Bedeutung der Nahrung/ ich kann das Bedürfnis, mich durch Überessen zu nähren, nicht loslassen

Festhalten wird aktiviert und verzerrt meine Realität/ Illusion/ Zwangsbedürfnis, dem ich nachkommen muß/ Eintauchen in die falschen Urteile über die Bedeutung der Nahrung

ICH LASSE DIE ILLUSION LOS, DASS MEIN ÜBERGEWICHT ZEICHEN MEINER HOHEN SPIRITUELLEN VERWIRKLICHUNG IST

Ich stecke in meiner Vergangenheit fest/ es hat mir in der Vergangenheit gut gedient/ ich habe jetzt nicht den Trieb, mich gegen Störungen aus der Vergangenheit zu wehren/ ich will mich selbst begraben und an dem hängen, was mich stärkt

Tiefe Probleme mit Selbstverantwortlichkeit/ ich bin in einem Fokus gefangen, der meine Realität verzerrt und mein Selbstmitleid weckt/ ich kann das, was ich zu mir nehme, nicht integrieren und zusammenfassen

ICH ÄNDERE DAS PROGRAMM IN MEINEM UNTERBEWUSSTSEIN, DAMIT ICH DAS BEDÜRFNIS, MICH SELBST ZU STÄRKEN, UM ZU ÜBERLEBEN, LOSLASSEN KANN

Wenn ich das, was ich zum Überleben brauche, nicht horte, werde ich zu kurz kommen/ Assoziation zu Verlust/ Angst, meine physische Struktur zu verlieren/ Panik/ ich kann nicht darauf vertrauen, daß es immer Nachschub gibt/ Zustand der Abtrennung

Verwirrung über die Signale, die ich von meiner physischen Struktur erhalte/ ich muß etwas Gutes für mich tun, sonst bin ich frustriert/ Feststecken/ ich fühle mich gegenüber diesem zwanghaften Bedürfnis hilflos

ICH LASSE DIE FRUSTRATION LOS UND WEISS, DASS ICH ÜBERLEBEN WERDE, OHNE DASS ICH HORTEN MUSS, WAS ICH FÜR MEIN EMOTIONALES ÜBERLEBEN BRAUCHE

Ich muß meinen Emotionalkörper beruhigen, damit er das aktivierte Trauma loslassen kann/ Verlust/ ich halte die Frustration durch

Gegentakt wird aktiviert/ Einsamkeit/ Angst davor, nicht fähig zum Überleben zu sein/ unfähig, meine Kreativität zu gebrauchen, meine eigene Wahl, die reagiert und stört, aufrecht

um dieses aktivierte Gedankenmuster loszulassen

ICH LÖSCHE DEN GLAUBEN AUS, DASS ES ZU SCHWIERIG IST, ABZUNEHMEN UND MEIN GEWICHT ZU HALTEN

Programm aus der Vergangenheit/ all meine Anstrengungen haben sich nicht ausgezahlt/ ich nehme ab, und dann nehme ich wieder zu/ ich muß etwas Gutes für mich tun/ fühle mich nicht geliebt/ ignoriert/ nicht angenommen

Dies ist meine Erfahrung damit/ ich kann sie nicht ignorieren/ ich muß mich dafür entschuldigen, daß ich überhaupt lebe/ Angst/ Frustration darüber, daß ich es nicht gehen lassen kann/ ich kann mir nicht erlauben, vorwärts zu gehen

ICH BEFREIE DEN GÖTTLICHEN FLUSS DER FÄHIGKEIT, NAHRUNG IN ANGEMESSENEM UMFANG AUFZUNEHMEN

Schwierig/ es entzieht sich mir dauernd/ ich versuche es, doch der Erfolg hält nicht lange an/ bin in meinen eigenen egoistischen Bedürfnissen gefangen/ Zwangsbedürfnisse, die ich befriedigen muß

Ich brauche das, um mich sicher zu fühlen/ ich kann nicht entscheiden, was für mich angemessen ist/ Selbstbestrafung/ Verlust/ emotionale Verlassenheit/ bin in Bedürfnissen gefangen, die nur durch Essen zu befriedigen sind

ICH LASSE DAS BEDÜRFNIS LOS, ALL DAS FESTZUHALTEN, WAS IN DER VERGANGENHEIT GESCHEHEN IST

Ich kann nicht erkennen, was das mit meinem Problem zu tun haben soll/ Unklarheit/ Frustration/ Schmerz/ Angst, zu verhun-

Andere verführen mich, es zu tun/ ich habe nur das/ es macht Spaß, und ich habe Freude dabei/ es ist nicht möglich, diesem Bedürfnis

gern/ ich muß so lange essen, wie ich etwas kriegen kann/ ernste Fehleinschätzung meiner eigenen Kreativität

zu entkommen, denn es ist immer präsent und bestimmt über mich/ ich kann mir nicht vertrauen

ICH LASSE DAS SELBSTMITLEIDSSYNDROM LOS, DAS MEINE SEHNSUCHT NACH NAHRUNG RECHTFERTIGT

Das ist meine Realität/ ich sehe keinen anderen Weg, dem zu entkommen/ ich muß das tun, was mir dabei hilft, diesen festgefahrenen Standpunkt zu verlassen, daß ich nicht geliebt werde/ vergessen/ verletzt/ begrenzt

Alte Ängste werden aktiviert/ es verletzt mich überhaupt nicht/ es macht mich friedlicher/ es gibt mir eine Entschuldigung, hinter der ich mich verstecken kann/ Bereich, der nicht konfrontiert werden will

ICH LASSE DIE ÄUSSERE MANIFESTATION MEINER ERNÄHRUNG LOS UND KONZENTRIERE MICH AUF DIE INNERE

Ich versuche es, aber es funktioniert nur manchmal/ dafür bin ich nicht völlig verantwortlich/ unvollkommene Zusammenfassung der Energien, die auf dem Weg zum Ziel aufgehalten werden

Ich kann mir nicht erlauben, Nahrung auf diese Weise aufzunehmen/ ich bin von dem Energiefluß abgeschnitten, der mich erhält/ zerstreute Energien, die das nicht zu Ende bringen, was sie beginnen

ICH ERLAUBE MEINEM ENERGIEFLUSS, DAS ZU ENDE ZU BRINGEN, WAS ICH MIR VORGENOMMEN HABE

Gedankenstruktur, die unterbricht und meine Entdeckungen versteckt/ es

Hilflos/ frustriert/ ich bin nicht fähig, meine Blockaden aufzulösen/ spezielle

geht kein Weg daran vorbei/ ich muß diese Erfahrung machen/ Energieblockade, die mich festhält

Blockade, die mir den vollen Gebrauch meiner Energien nicht gestattet/ Verzerrung

Gedankenmuster, die sich auf Schuld beziehen

Schuld ist ein Mittel, das das Potential eines jeden von euch unterdrückt. Sie bewirkt, daß du dich vor deinem göttlichen Selbst versteckst. Für dein tägliches Leben bedeutet das, daß ein großer Teil deiner Energien blockiert ist und daher unbrauchbar für deinen kreativen Prozeß. Wegen der Schuld hast du das Bedürfnis, dich selbst zu bestrafen. Die Schuld erschafft viele verschiedene Krankheitsformen. Schuld läßt dich viele Dinge fürchten. Seit Äonen schon bist du mit Schuld „vollgepumpt" worden. Die Klärung dieses Bereiches wird dir viel Freiheit bringen.

ICH ERLAUBE MIR, MEINE SCHULDGEFÜHLE ZU KONFRONTIEREN, UM SIE ZU VERWANDELN

Ich weiß nicht, wie ich damit umgehen soll/ das bedeutet, daß ich schlecht bin und etwas bereuen muß, das mir gar nicht bewußt ist/ das sind mir zu viele Schichten, durch die ich mich da durcharbeiten müßte

Unbehagen/ ich will nicht, daß die anderen es wissen/ sie werden mich erpressen/ ich bin an meine Vergangenheit angeschlossen/ Zwangsreaktion/ ich stecke in meinen Schöpfungen fest und muß dafür leiden

ICH BRINGE DAS, WAS DIE SCHULD BETRIFFT, AN DIE OBERFLÄCHE UND SEHE ES MIR AN

Nicht möglich/ Angst davor, daß ich mich verstecken werde/ das wird mir

Festhaltetaktik, die mir nicht erlaubt, diesen Bereich klar zu erkennen/ ich muß zeigen, wie minderwertig ich bin/ Assoziationen zu Kontrolle werden geweckt, die mich bedrängen/ ich muß das Reaktionsmuster einbringen, das versucht, mich auszulöschen

dem, was tief in mir begraben liegt, ausweichen, anstatt es mir anzusehen/ Blockade, die meiner Schuld nicht gestattet, aufzusteigen und gelöst zu werden

ICH LASSE DAS SCHULDGEFÜHL LOS, DAS MIR EINREDEN WILL, DASS ICH NICHT MEIN BESTES GEGEBEN HÄTTE, UM DER QUELLE ZU GEFALLEN

Der QUELLE zu gefallen bedeutet nicht, mir selbst zu gefallen/ Assoziationen zu Einsamkeit/ ich kann in diesem Bereich keine Verzerrung wahrnehmen/ ich verstehe mich und meinen kreativen Prozeß überhaupt nicht

Besonderes Gedankenmuster, das mir nicht erlaubt, hier loszulassen/ kein Ausweg/ muß mich selbst bestrafen/ ich muß es verstecken, damit die Leute nicht merken, was in mir verborgen ist/ Schuld/ Feindseligkeit/ Sorgen

ICH KONFRONTIERE DIE SCHULD IN MIR UND LASSE SIE LOS

Viel zu leicht/ zu schön, um wahr zu sein/ zuerst muß ich bereuen/ ich muß alles wiedergutmachen, was ich angerichtet habe/ ich muß bestimmte Annehmlichkeiten im Leben aufgeben, um für meine Vergehen in der Vergangenheit zu büßen

Ich habe Angst, bei der Befreiung dieser schweren Bürde zu versagen/ ich kann es nicht alleine tun/ andere müssen meinen Wert zuerst sehen/ Assoziationen zu Wertlosigkeit steigen auf und blockieren meine Anstrengungen/ mir ist keine Schuld in mir bewußt

Ich überwinde die Selbstverdammung, die nur die Schuld aufrechterhält

Das ist unmöglich/ die QUELLE hat mich ausgestoßen/ ich kann den speziellen Punkt, der mich zu Dingen verleitet, die mir Schuldgefühle machen, nicht erreichen/ Zwangsbedürfnis, mich selbst zu zerstören

Ich muß das, was Schuldgefühle in mir auslöst, wiedergutmachen, um es loslassen zu können/ Gott bestraft mich auf diese Weise/ ich muß das annehmen, um frei zu werden/ Beeinflussungen aus der Vergangenheit dringen in meine Gegenwart und bereiten mir Leid

Ich erkenne die Macht meines Geistes und gebrauche ihn dazu, mich von meinen Schuldgefühlen zu befreien

Ich will das schon, weiß aber nicht wie/ ich habe das Gefühl, zurückgehalten zu werden/ bin nicht vollkommen/ begrenzt/ minderwertig/ in diesen Schuldgefühlen gefangen

Ich habe Angst, die Mittel für meine Erlösung zu verlieren/ mein bloßes Dasein macht mir Schuldgefühle/ ich habe versagt, der QUELLE zu gefallen/ Zyklische Wirkungen, die aus meiner Vergangenheit aufsteigen und meine Gegenwart überrennen

Ich erlaube mir jetzt, die vielschichtige Schuldstruktur loszulassen

Leicht gesagt, doch schwer auszuführen/ ich habe nicht die Macht, hier irgend etwas zu verändern/ ich muß meine Missetaten bereuen/ durch Schmerz und Angst

Diese Ursache ist zu schwierig aufzulösen/ ich muß mich selbst bestrafen/ muß meine Kreativität einschränken/ verzerrte Wahrnehmung meiner selbst/ ich

werde ich das wieder gutmachen, was ich angerichtet habe.

kann mir selbst keine Vergebung gestatten/ das ist eine automatische Antwort auf meine Vergangenheit, und ich muß es akzeptieren

Ich lasse die Widerstände los, mir selbst zu verzeihen

Schwierig, diesen Verständnisgrad zu erreichen/ ich kann den Zusammenhang nicht erkennen/ Schmerz/ Sorgen/ Hilflosigkeit/ emotionales Trauma/ Zwangsbedürfnis, mich selbst zu bezerstören/ Selbstbestrafung/ ich kann mich nicht annehmen

Wertlosigkeit/ schwierig, das loszulassen, was ich loslassen muß, um frei zu werden/ die anderen müssen mir zuerst vergeben, bevor ich mir vergeben kann/ der Drang, mich selbst zu bestrafen, schiebt sich in den Vordergrund

Ich lasse die Apathie los, die aus meinen Schuldgefühlen resultiert und die mich von meinem freien Fluss abschneidet

Schwierig/ ich will das schon, weiß aber nicht, wie/ ich kann das, was gewesen ist, nicht befreien/ zuerst muß man mich von außen anerkennen/ Frustration/ Verwirrung/ ich muß leiden, um Buße zu tun/ ich bin in meinem Selbsturteil gefangen und festgehalten

Es ist unmöglich, das auszulöschen/ Gott muß mir zuerst vergeben/ bin hilflos verloren/ minderwertig/ mein Unterbewußtsein ist vollgepumpt mit Schuld/ wenn ich versuche, das eine aufzulösen, kommt gleich das nächste nach/ ich kann nicht gewinnen

ICH VERGEBE MIR SELBST UND ERKENNE, DASS ICH KEINE ÄUSSERE ANERKENNUNG BRAUCHE, UM DIE SCHULDGEFÜHLE LOSZULASSEN

Das kann ich nicht glauben/ das führt in die Irre/ das kann ich nicht akzeptieren/ das ist zu leicht, um effektiv zu sein/ hier kann ich keine andere Wahrheit annehmen	Ich kann die Möglichkeiten, die sich hier auftun, nicht erkennen/ tiefe Problematik auf dem Gebiet der Selbstliebe/ das ist so, wie es immer war und immer sein wird/ das ist meine Art, Erfahrungen zu sammeln

Direkte Kommunikation mit dem Unterbewußtsein

Ich habe dir, meiner Ansicht nach, die wirkungsvollste Methode gegeben, um Fehlurteile in dir selbst aufzuheben. Es gibt viele andere Methoden, die auch funktionieren. Eine solche Methode ist der direkte Kontakt mit deinem Unterbewußtsein, indem du es personifizierst. Setze dich mit deinem kreativen Partner zu einer Tasse Kaffee oder Tee zusammen und sprich mit ihm so, wie du mit deinem besten Freund sprechen würdest. Frage ihn, wie es ihm mit dir geht und höre sorgfältig auf seine Antworten. Spüre der Resonanz dieser Antwort nach, bevor du sie angreifst.

Nun, wie reagiert er auf deine Entgegnung? Dies ist eine wunderbare Möglichkeit, zu kommunizieren. Gefällt dir das, was du hörst? Kannst du es annehmen? Kannst du deinen Standpunkt so vertreten, daß dein Unterbewußtsein etwas damit anfangen kann? Wie reagiert dein Unterbewußtsein darauf? Kannst du es zum Beispiel davon überzeugen, daß du nicht die Absicht hast, es hinter dir zurückzulassen, während du dich weiter entwickelst?

Dies ist eine gute Möglichkeit, die Widerstände loszuwerden, die dein Unterbewußtsein aufbaut. Es versteht nicht genau, was du vorhast. Es fühlt sich übergangen, nicht um seine Meinung gefragt. Es hat Angst, daß du es auslöschen willst! Stell dir das vor! Es ist deine Zeit wert, dich so oft wie möglich mit ihm zu unterhalten. Du wirst dich danach besser fühlen. Die Dinge werden sich leichter für dich wenden. Erzähle ihm alles, was du glaubst und fürchtest, und höre, was es dazu zu sagen hat.

Wenn es Konflikte zwischen dir und deinem Unterbewußtsein gibt, dann versuche die Farbe *rosa* zu benutzen, um euch beide in eine rosafarbene Wolke einzuhüllen. Wenn es erregt ist, dann nimm die Farbe *blau* zur Beruhigung. Hülle es in *violett*, um Unklarheiten zu verwandeln. Dasselbe gilt natürlich auch für dich als einen Teil der Kommunikation. Es macht großen Spaß, und auch die Ergebnisse sind gut.

Visualisiere, daß du dein Ziel erreichst

Du hast ein Ziel, und es scheint dir, als ob du es nicht erreichen kannst. Ganz sicher sind da blockierte Energien, die dir dabei im Wege stehen, das Ziel, das du für dich geschaffen hast, auch zu erreichen. Sieh jetzt diese blockierten Energien als eine Zementmauer vor dir, die du abreißen wirst. Gebrauche dazu deine Imagination! Es gibt viele Wege, um diese Mauer niederzureißen. Ich überlasse dir die Art und Weise. Schließlich soll es dir ja auch Spaß machen.

Wenn du die Mauer abgerissen hast, dann sieh dein Ziel ganz klar mit allen Einzelheiten vor dir. Es ist von dieser Mauer, die du abgerissen hast, verdeckt gewesen. Sieh dein Ziel in allen Farben, sieh, wie es vor dir leuchtet, und gib ihm mit *goldenem Licht* Energie. Verwende das Gold erst dann, wenn du dir ganz sicher bist, es vollkommen klar vor dir zu sehen.

Erlaube deinen Emotionen, dieses Bild von deinem Ziel zu betreten. Bemerke positive und negative Reaktionen. Beobachte, ob dein Körper Bewegungen macht, ob er sich verändert oder Symptome erzeugt. Schau danach, was sie dir sagen wollen. Vergiß nicht, dich auch mit deinem Unterbewußtsein zu verständigen. Sende den Fokus dieses klaren Lichtes kraft deines Willens an dein Unterbewußtsein. Das macht Spaß und bringt gleichzeitig gute Ergebnisse. Wenn du Spaß hast, macht das die Schwingungen, die dich motivieren, leichter, weil freudige Schwingungen besonders viel Licht enthalten. Du könntest sagen, daß das Licht aus einer ganz bestimmten Essenz besteht, die sehr aktiv wird, wenn du Spaß hast.

Gut, ich bin sehr froh, daß ich die Möglichkeit habe, dir die Art von Hilfe zu geben, die dich weiterbringen wird. Ich segne dich mit Freude und Frieden, mein Liebes. Ich bin Vywamus und biete meine Hilfe an, um dem ewigen Leben zu dienen.

Kapitel 3

Der Ausgleich der vier Körper

Ich bin HAMMON und komme von der Zentralen Sonne. Ich bringe von dort ein Vibrationsfeld mit mir, mit dem die Erde — und demzufolge auch du — bisher noch nicht umgehen konnte. Ich möchte dich nun mit diesen, meinen Energien bekannt machen, damit du mich kennenlernst. Auf diese Weise wirst du mich akzeptieren können. Die Kommunikation mit dir, der du noch nicht mit mir vertraut bist, wird die Freude in dir anregen und dein Herz schneller schlagen lassen. Erlaube nun meinen Energien, in dich einzufließen ... Gut. Diejenigen, die durch meine Energien beunruhigt werden, sollen wissen, daß das Ängste sind, die aktiviert werden, um eure Aufmerksamkeit auf diese Unklarheit zu richten und sie schließlich zu beseitigen. Laßt die Ängste aus euch herausfließen und wißt, daß ich da bin, um euch dabei zu helfen.

Ich will über den Ausgleich eurer vier Körper sprechen. Viele von euch wissen nicht, daß es mehr gibt als das, was das Auge sehen kann. Was ihr seht, ist eure physische Struktur, die ihr angenommen habt, um auf der Erde Erfahrungen machen zu können. Ich zum Beispiel habe keine solche physische Struktur, bin mir aber 112 verschiedener Körper oder Schichten bewußt. Ich erwähne das nur, um euer Bewußtsein ein wenig auszuweiten. Für das irdische Leben sind also die vier Körper wichtig. Der Körper, den ihr begreifen könnt, weil er euch sichtbar ist, ist der physische Körper. Ihr habt auch ein Verständnis von eurem spirituellen Körper, den ihr die Seele nennt. Über diesen Aspekt eures Selbst allerdings besteht viel Verwirrung.

Dann gibt es noch den Emotionalkörper und den Mentalkörper. Die drei letztgenannten sind eure ätherischen oder feinstofflichen Körper und genauso wichtig wie der physische. Einer beeinflußt den anderen. Euer spiritueller Körper ist nicht wichtiger als euer physischer, solange ihr auf der Erde seid.

Euer physischer Körper bringt die Beziehung, die unter den anderen Körpern besteht, zum Ausdruck. Wenn ihr Schmerzen habt, energielos, zu gefühlsbetont oder zuwenig gefühlsbezogen seid, dann bedeutet das meistens, daß der eine oder andere Körper nicht im Gleichgewicht ist. Und das wird sich in eurer physischen Struktur als Schmerz, Krankheit, Unausgeglichenheit, Depression oder ein Feststecken zeigen. Wenn ihr dann zu einem Arzt geht, ist es dieser Körper, der behandelt wird. Die Ursache liegt sehr häufig in den anderen drei Körpern, und wenn die Unklarheiten dort nicht aufgelöst werden, kann der physische Körper nicht geheilt werden. Krankheit ist ein Mittel für euren Körper, euch darauf hinzuweisen, daß etwas nicht richtig funktioniert. Bevor ihr die Botschaft nicht verstanden habt, wird er fortfahren, die Symptome zu wiederholen oder zu verstärken.

Es ist euer physischer Körper, mit dem ihr das Leben umarmt und mit der Erde im Austausch steht. Wenn das physische Vehikel klar und rein ist, wird das Leben leicht für euch, es wird eine Freude sein! Ihr werdet Möglichkeiten ergreifen können, die keine Grenzen haben! Ein vergifteter Körper arbeitet auf einem niederen Schwingungsniveau. Das heißt, er kann sich nicht in Harmonie mit dem befinden, was ihn umgibt. So ist er zum Beispiel nicht imstande, die heilenden Schwingungen der Pflanzen und Bäume aufzunehmen oder die heilkräftige Energie der Planeten, die wie kleine Sterne am Nachthimmel funkeln. Er kann weder die Harmonie noch Heilung von den Farben empfangen, die die

Natur ausbreitet, und er kann den Kontakt zu eurem spirituellen Körper nicht herstellen, der euch sanft und wissend den Weg zeigt.

Mit dem physischen Körper erfahrt ihr all das, was euch das irdische Leben zu bieten hat. Je feiner ihr eingestimmt seid, desto leichter könnt ihr die Ziele erreichen, die ihr euch für diese Inkarnation vorgenommen habt. Angst wirkt sich wie ein defekter elektrischer Apparat aus, den man an das Stromnetz anschließt und der alle anderen angeschlossenen Apparate stört.

Die Nahrung kann eine große Störung in eurem physischen Vehikel verursachen. Übermäßiges Schwelgen oder Einseitigkeit bringt die Chemie des Körperhaushalts durcheinander. Zuviel oder auch zuwenig Aufmerksamkeit auf die Nahrungsaufnahme stört die Feinabstimmung des Körpers. Auch zu viele Verbote oder zuviel Gewähren wirken gleichermaßen schädigend. Euer Körper wird euch sagen, was er braucht, um im Gleichgewicht zu bleiben. Aber bis ihr dieses Stadium der Klarheit wieder erlangt, folgt einfachen Regeln. Eßt nur so viel, wie ihr braucht, um euren Hunger zu stillen, und nicht so lange, bis ihr voll oder gestopft seid. Eßt nur solche Nahrungsmittel, die naturbelassen oder ihrem natürlichen Zustand so nahe wie möglich sind. Jedes natürliche Ingredienz erfüllt einen bestimmten Zweck, begegnet einer bestimmten Notwendigkeit. Trinkt eine Menge Wasser den ganzen Tag über. Wasser spült nicht nur das Körpersystem durch, es ist auch ein Leiter gewisser elektrischer Eigenschaften, die den Körper mit Bestandteilen elektrischen Stroms aufladen, die für seine allgemeine Funktionstüchtigkeit entscheidend sind. Diese Bestandteile sind auch für den Heilungsvorgang notwendig. Versucht es und trinkt Brunnenwasser statt chemisch behandeltem Wasser, das tot ist. Nehmt zusätzlich Vitamine und Mineralstoffe in Maßen zu euch. Was für den einen richtig ist, mag für den anderen vollkommen falsch sein. Das ist sehr individuell und sollte nicht nachgeahmt werden.

Es ist gut, eurem Körper hin und wieder eine Pause in der Nahrungsaufnahme zu gönnen. Ein drei- bis fünftägiges Fasten mit Wasser oder Fruchtsäften wird das ganze System reinigen, die Zellen aufladen und euch munter, klar und leicht machen. Mineralien und Vitamine sollten während des Fastens genommen werden. Spaziergänge in eurer schönen Natur sind dabei sehr förderlich. Bleibt in Fühlung mit eurem Körper. Bombardiert ihn nicht mit zuviel Geschwätz, Lärm und Streß. Diese Zeit des Fastens sollte ein Nach-Innen-Gehen sein und nicht ein Martyrium, womit man seine Freunde beeindrucken oder belästigen kann.

Laßt eurem Körper eine besondere Behandlung angedeihen. Reibt ihn mit duftenden Ölen ein und werdet euch aller seiner Teile bewußt. Es gibt nicht einen Teil, der wichtiger wäre als ein anderer. Wenn ihr das glaubt, so müßt ihr wissen, daß das Indoktrinationen der Gesellschaft und der Vergangenheit sind. Sagt eurem Körper, wie wichtig er euch ist und wie sehr ihr ihn schätzt.

Wenn außer dir nichts mehr wäre und du deine ganze vertraute Umgebung verloren hättest, könnte dir dein Körper alle Antworten geben, die du brauchst. Denn er enthält in sich alles, was du zum Überleben nötig hast. Natürlich brauchst du genügend Selbstvertrauen, um dich von deiner Gewohnheit, immer außen nach den Antworten zu suchen, umzustellen. Aber wenn es niemanden gibt, an den du dich wenden kannst, dann vergiß nicht, deinen Körper zu fragen. Stelle deine Panik beiseite und lausche nach innen. Je reiner deine vier Körper aufeinander abgestimmt sind, desto klarer werden die Antworten sein, die du erhältst.

Und hier ist eine Übung, die den physischen Körper stärken wird. Reiche zum Himmel hinauf und ziehe in deinen Körper (indem du es dir vorstellst) einen orangefarbenen

Strahl, der von der Zentralen Sonne kommt, hinein. Sieh, wie er deinen ganzen Körper ausfüllt. Fühle die Wärme, die er ausstrahlt ... Fühle die Stärke, die er dir gibt ... Bemerke das Kribbeln ... und erlaube dir nun, dich mit dieser Farbe auszudehnen ... Werde größer, laß es zu, daß du dich streckst, höher wirst und dich ausweitest. Du wirst das nur fühlen können, wenn du dir erlaubst, dich aus dem gewohnten Zustand der Hetze herauszubegeben und dich zu entspannen. Nimm dir die Zeit, die du für diese Übung brauchst, treib dich nicht an.

Und nun, da du gekräftigt worden bist, finde dein Zentrum in dir. Du kannst nach ihm in der Herzgegend suchen. Einige werden es dort finden, wo der Nabel ist — oder im Polaritäts-Chakra. Und wieder andere werden es im Kopf finden. Stell dir das vor! Will dir das vielleicht sagen, woher du kommst? Genau das, mein Lieber, und es ist in Ordnung so.

Nun, wo du dein Zentrum gefunden hast, aktiviere es dadurch, daß du deine ganze Aufmerksamkeit darauf richtest. Wie fühlt es sich an? Ist es fremd für dich — oder vertraut? Sagt es dir etwas? Ist dir, als wärst du nach Hause gekommen? Bringe in dieses dein Zentrum die Farbe *silber*. Fühle, was geschieht. Wird es lebendig? Wächst es? Fühlst du seine Tiefe? Erforsche es jetzt, wo es erleuchtet worden ist und du sehen und fühlen kannst. Laß dieses Leuchten aus deinem Zentrum in deinen ganzen Körper ausstrahlen. Gut ... das ist wie eine Auffrischung, die der ganze Körper erhält. Ihr überholt euer Auto regelmäßig, warum nicht dem Körper die gleiche Aufmerksamkeit schenken? Und vergeßt die Zehen und die Fingerspitzen nicht! Die Extremitäten sind sehr wichtig. Glaubt, daß es wirkt! Erinnert euch, es ist euer Glaube, der eure Wirklichkeit erschafft!

Und nun seht, wie sich dieses Silber in *rostbraun* verwandelt. Fühlt, wie dieses Leuchten euren ganzen physischen

Körper durchdringt und euch mit den anderen drei Körpern verbindet. Gut! Entspannt euch nun und nehmt die Veränderung wahr, die stattgefunden hat.

Ihr habt soeben die Auffrischung eures physischen Körpers vollendet. Und nun wollen wir mit dem Emotionalkörper arbeiten. Durch euren Emotionalkörper seid ihr gefühlsmäßig mit allem verbunden, was das Leben auf der Erde ausmacht. Es gibt eine breite Gefühlsskala, die euch zur Verfügung steht. Am unteren Ende befinden sich Haß, Wut, Mißtrauen, Rachsucht, Angst, Einsamkeit, Eifersucht, Sorge, Depression und Gleichgültigkeit. Sobald ihr diese Gebiete klärt und Schritt für Schritt höher steigt, kommt ihr mit der Freude, dem Vertrauen, dem Mut und der Bescheidenheit, dem Vergnügen, dem Mitleid, der Ekstase, mit Liebe und Sorgenfreiheit in Berührung und könnt mit anderen teilen, ohne euch dadurch bedroht zu fühlen. Eine positive Haltung dem Leben gegenüber wird all eure Handlungen begleiten. Es ist euer Emotionalkörper, der euch warnt, wenn ihr in Gefahr seid, oder euch davon unterrichtet, daß ihr den Weg zu einem höheren Bewußtsein beschritten habt. Er ist euer Stimmungsbarometer, solange ihr auf Erden seid. Möchtet ihr solch ein feines Instrument nicht in Höchstform halten, damit es euch immer die bestmögliche Auskunft gibt?

Euer Emotionalkörper ist mit dem Solarplexus verbunden und reagiert oft schon auf Situationen, bevor der Mentalkörper sie wahrgenommen hat. Die negativ gemeinte Redensart, daß ihr „schon wieder emotional seid“, geht auf die Zeit von Atlantis zurück. Dieser versunkene Kontinent lebte hauptsächlich aus dem Mentalen heraus, wogegen Lemuria, der Nachbar von Atlantis, im Laufe seiner Geschichte den Emotionalkörper entwickelt hatte. Zur Endzeit von Lemuria, als die Atlanter die Leute von Lemuria als Arbeitskräfte „importierten“, sahen sie auf diese armen Kreaturen herab, die ihres Mentalkörpers nicht mächtig waren. Dies ist ein Urteil, das noch immer im Unterbewußtsein von einigen von euch gegenwärtig ist und das jetzt aufgegeben werden muß. Beides ist richtig und sollte miteinander ausgeglichen werden. Viele von euch tragen noch den Glauben in sich, daß es schlecht sei, Gefühle zu zeigen, und unterdrücken demzufolge ihren Emotionalkörper, wodurch sie sich von einem Reichtum an Gefühl und Empfindung abschneiden. Laßt mich euch sagen, daß es notwendig ist, diese falschen Glaubenssätze bewußt zu machen und diesen Körper von seinen Blockaden zu befreien. Ich werde es von vielen Seiten her angehen, um euch zu helfen, einige dieser Schichten abzutragen, die seit so langer Zeit in euch sind.

Nehmt über eure Füße Fühlung mit dem Boden auf ... sagt eurer Erde, daß ihr ihr eure Unklarheit im Emotionalkörper herunterschicken wollt, damit sie sie reinigen und verwandeln kann. Sendet jetzt alle falschen Überzeugungen im Gefühlsbereich in die Erde ... Ich sehe, daß ihr nicht wißt, welche? Laßt mich eurem Gedächtnis nachhelfen! Schickt hinunter: „Ich kann nicht fühlen“; „ich darf keine Gefühle zeigen, denn das kann mich meine Stellung kosten“; „ich muß meine Wut, meinen Haß und meine Eifersucht unterdrücken“; „ich darf nicht mitteilen, was ich fühle, es kann sonst gegen mich benutzt werden“. Fügt an dieser Stelle all das hinzu, was euch bewußt wird, und laßt es in die Erde fließen ..., laßt es fließen ... fließen.

Gut, und hier noch eine andere Methode: Schließe deine Augen und entspanne dich so tief wie möglich. Sieh vor dir deinen Emotionalkörper. Schau ihn dir an. Was für eine Farbe hat er? Und wie groß ist er? Bringe die *violette* Flamme hinein und weite diesen Körper aus, so daß er in etwa dieselbe Größe wie dein physischer Körper bekommt. Konzentriere dich eine Zeitlang auf das *Violett.* Gut. Die Gebiete, die weh tun oder empfindlich sind, behandle besonders. Nimm deine spirituelle Hand und streiche über diese Punkte. Sei dir bewußt, daß du dadurch den Energiefluß beleben kannst. Und nun bringe die Farbe *grün* hinein. Es ist ein besänftigendes Grün, das deinen Emotionalkörper entspannt, nachdem er gereinigt worden ist. Grün hat auch die Fähigkeit, die Wunden zu heilen, die für dich schwer zu schließen sind. Konzentriere dich für ein paar Sekunden auf dieses Grün — oder auch länger, wenn du magst. Wisse, daß nicht die Dauer der Zeit den Unterschied ausmacht, sondern die Intensität deiner Konzentration. Nun bringe deinen Emotionalkörper in deine physische Struktur. Entspanne dich und fühle den Unterschied.

Dein Emotionalkörper ist gereinigt, gestreckt, gestärkt und gewürdigt worden. Das wird es dir ermöglichen, das nächste Mal, wenn du mit einem emotionalen Trauma konfrontiert wirst, ausgeglichener zu reagieren. Es ist ein Zeichen von Fortschritt, wenn du zurücktreten und dich selbst beobachten kannst, wie du reagierst, dich mitteilst, gibst, dich zurückziehst oder angreifst.

Der Mentalkörper spielt eine entscheidende Rolle im kreativen Prozeß. Er wird zur treibenden Kraft, der die Dinge geschehen läßt, die euch eurem Ziel nahe bringen. Ein defekter oder gestörter Mentalkörper wird gestörte und verzerrte Bilder hervorbringen, die euch irreführen — Bilder, die nicht klar sind. Und so werden auch eure Schöpfungen nicht klar sein. Blockierte Energien werden euch nur von einem Blickpunkt aus zu sehen erlauben, ihr könnt euch nicht in eine andere Perspektive versetzen.

Wenn euer Mentalkörper glaubt, daß er von eurem Emotionalkörper, der nicht rational ist, beiseite gedrängt wird, wird er den Austausch mit ihm verhindern. Ihr werdet von der Kommunikation mit den Leuten um euch abgeschnitten sein, die vom Emotionalen herkommen, und nicht verstehen, was sie sagen oder möchten. Ihr werdet unflexibel sein, eine andere Sichtweise nicht wahrnehmen und nur die eure sehen können. Und ihr selbst werdet euch unverstanden vorkommen, frustriert, feststeckend, darin behindert, euer Ziel zu erreichen. Ihr werdet das Gefühl haben, daß euch keiner versteht. Und ihr seht auf die herab, die aus dem Gefühl heraus leben.

Jemand, der nur die eine Seite einer Sache oder Situation sehen kann, ist in seinem Mentalkörper blockiert. Wir wollen nun allen Schutt wegräumen, der an der Oberfläche liegt. Ich kann so tief gehen, wie ihr es mir erlaubt. Aber ein paar Schichten von oben können wir jetzt gleich abräumen. Ihr werdet den Unterschied merken. Es ist nichts, das man nicht sehen oder fühlen könnte. Vielleicht könnt ihr es nicht sehen, fühlen werdet ihr es aber bestimmt — vorausgesetzt, daß euer Emotionalkörper es zuläßt.

Schließt eure Augen und entspannt euch. Wähle einen Augenblick, in dem du dich wirklich entspannen kannst und dich niemand stört. Sieh vor dir deinen Mentalkörper. Schau ihn dir an. Was für eine Farbe hat er? Was für eine Größe? Wenn du es nicht sehen kannst, frage dich selbst oder stelle es dir vor. Bringe nun die *violette* Flamme hinein, um die Unklarheit in diesem Körper umzuwandeln. Benutze dieses Violett, um ihn, wenn nötig, auf dieselbe Größe wie deinen physischen Körper auszudehnen. Laß diese Farbe gehen und bringe die Farbe *blau* hinein. Ich überlasse es dir, zu entscheiden, welchen Blauton du brauchst. Er wird der richtige für dich sein. Achte darauf, daß dieses Blau alle Teile deines Mentalkörpers bedeckt, deine Zehen, deine Fingerspitzen und die Ohren. Konzentriere dich ein paar Augenblicke auf das Blau. Nicht die Länge der Zeit ist entscheidend, sondern die Intensität deiner Aufmerksamkeit. Entspanne dich nun und nimm deinen Mentalkörper in deine physische Struktur hinein. Bemerkst du den Unterschied? Fühlst du dich vollständiger, ausgeglichener? Gut.

Und noch eine Übung. Sieh einen Lichtstrahl, der auf dich zukommt. Werde dir deines gesamten Energiefeldes bewußt. Begib dich mindestens 60 cm von deinem Körper weg und bringe diesen Lichtstrahl durch deinen Mentalkörper. Achte darauf, daß du jeder Bewegung dieses Strahles bewußt folgst. Der Strahl ist nun mit den Schwingungen deines Mentalkörpers geladen und tritt in deinen Emotionalkörper ein. Achte auf jeden Schritt! Jetzt ist er mit der Vibration deines Emotionalkörpers geladen, und da es ein Lichtstrahl von hoher Intensität ist, begünstigt er die Verschmelzung des mentalen und des emotionalen Körpers in sich. Nun betritt dieser Lichtstrahl deine physische Struktur und vereint alle vier Körper harmonisch miteinander. Der Strahl selbst entstammt deinem spirituellen Körper und erleichtert die Vereinigung aller vier Körper.

Da wir nun deinen physischen, deinen emotionalen und den mentalen Körper harmonisiert haben, wollen wir mit deinem spirituellen Körper in Kontakt treten. Die Interaktion dieses Körpers hängt von der Integration der anderen Körper ab. Wenn unter ihnen Disharmonie besteht, ist das Schwingungsniveau nicht hoch genug, daß er sich mit ihnen verbinden kann. Das Kronen-Chakra ist das Verbindungsglied für diese Energie, die ihr nun nutzen möchtet.

Begib dich ungefähr 30 bis 37 cm über das Kronen-Chakra und verbinde dich mit diesem Energiefeld. Dort ist — unter anderem — der Sitz, wo die spirituelle Energie genügend heruntertransformiert ist, um sich mit den drei anderen Körpern auf der physischen Ebene verbinden zu können. Fühle nun weißes Licht, das von diesem Energiezentrum ausstrahlt, wie ein Zelt aus Energie, das hell strahlt. Dieses Energie-Zelt hüllt alle Körper ein und dringt tief bis ins Herz eines jeden. Eine violette Spirale kommt von der spirituellen Ebene herab und umschließt das Energie-Zelt und alle deine Körper, die wir gereinigt und gestärkt haben.

Sie dringt tief in die Erde ein, um dich in ihr zu verwurzeln.

Wir haben soeben den Ausgleich deiner vier Körper vollendet. Ich sage wir, weil du und ich zusammen das vollbracht haben. Ich habe dieses Konzept in diesem Buch genauso im feinstofflichen Bereich verankert. Es ist dort gegenwärtig. Wenn du diese Seiten liest und dich entschließt, diese Übung durchzuführen, bringst du automatisch ihre Energiestruktur herab auf die physische Ebene und aktivierst sie so für dich.

Hier ist noch eine andere Übung zum Ausgleich der vier Körper. LENDUCE, ein spiritueller Lehrer von beträchtlicher Größe, den einige von ihrer Vergangenheit her kennen und andere jetzt kennenlernen werden, hat dieses Lichtnetz geschaffen, um euch zu helfen. Hierfür braucht ihr einen Partner. Sucht euch einen aus, der gerne auf diese Weise ins Gleichgewicht kommen möchte, und laßt ihn sich bequem hinlegen. Die Chakras sollten ausbalanciert sein, bevor ihr anfangt, denn die Energie, mit der ihr jetzt in Berührung kommt, ist sehr hoch, meine Lieben! Und wie ihr inzwischen wißt, aktiviert hohe Energie das, was vorhanden ist, und wir möchten ja einen ausgeglichenen Zustand verstärken und nicht einen blockierten. Das könnte sehr schmerzvoll sein. Nachdem du alle Chakras geöffnet hast, balanciere dich selbst aus, indem du ein paarmal tief einatmest, und während du ausatmest, alles losläßt, was dich beunruhigt hat. Begib dich an die rechte Seite des Liegenden, der seinen Kopf links von dir hat. Berühre mit deiner linken Hand leicht seine rechte Schulter und mit deiner rechten Hand die linke Seite der Taille. Bleib für etwa 5 Sekunden da und dann wechsle die Hände. Deine linke Hand geht jetzt zur linken Schulter und die rechte Hand zur rechten Seite der Taille. Lege deine linke Hand nun auf das Kehlkopf-Chakra und lasse sie dort, bis ich es dir sage. Deine rechte Hand berührt leicht das Basis-Chakra, das Polaritäts-Chakra, den

Solarplexus, das Herz-Chakra, das Kehlkopf-Chakra und bleibt dort. Deine linke Hand wandert jetzt zum Kronen-Chakra, und ihr Daumen berührt leicht die Nasenspitze. Bringe jetzt deine rechte Hand an die linke Wange und die linke Hand an die rechte Seite des Kopfes oben. Und dann berühre mit deiner rechten Hand die rechte Wange und mit der linken Hand die linke obere Kopfseite. Gut. Das klingt kompliziert, ist aber sehr einfach. Wenn dir das Probleme macht, ist das ein Zeichen dafür, daß deine linke und rechte Gehirnhälfte nicht miteinander in Einklang sind.

Hast du bemerkt, daß wir ein Kreuz-Muster erschaffen, das dich ganz bedecken wird? Am Ende werden auch deine feinstofflichen Körper darin eingeschlossen sein. Und nachdem du jetzt eine kleine Pause hattest, wollen wir fortfahren. Berühre mit deiner rechten Hand den linken Ellenbogen und mit deiner linken Hand die rechte Schulter. Ist dir zuviel links und rechts? Wir brauchen das aber, um diesen Kreuzungs-Effekt zu erreichen, den Lenduce dann aktivieren will. Nun fasse mit deiner rechten Hand an den rechten Ellbogen und mit deiner linken Hand an die linke Schulter. Hier wechseln wir die Hände wieder. Berühre mit deiner linken Hand den rechten Ellbogen und mit deiner rechten Hand die linken Fingerspitzen. Und umgekehrt: mit deiner linken Hand den linken Ellbogen und mit der rechten Hand die rechten Fingerspitzen.

Berühre nun mit deiner linken Hand die rechte Taille und mit deiner rechten Hand die linke Hüfte. Und umgekehrt: die rechte Hand berührt die rechte Hüfte und die linke Hand die linke Taille.

Gut soweit! Deine rechte Hand berührt das linke Knie, und die linke Hand berührt die rechte Hüfte. Die linke Hand berührt die linke Hüfte und deine rechte Hand das rechte Knie. Nun berührt deine rechte Hand die linken Zehen und deine linke Hand das rechte Knie. Und wieder umgekehrt:

Lichtnetz

o = rechte Hand
• = linke Hand

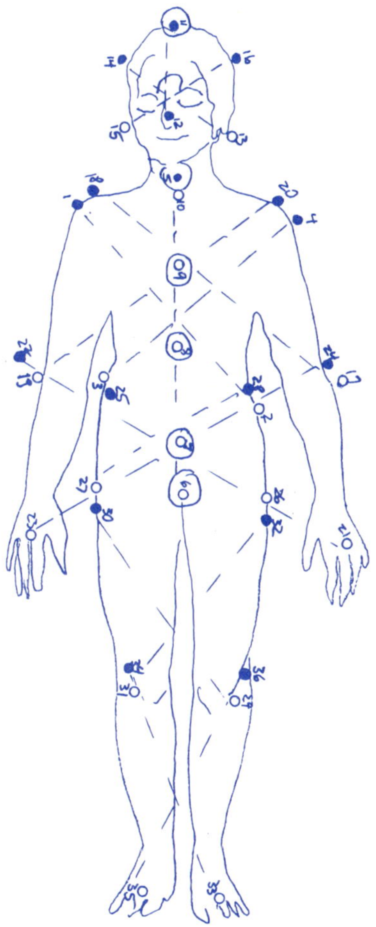

die rechte Hand die rechten Zehen und die linke Hand das linke Knie.

Wiederhole das Ganze nun im Feinstofflichen, ungefähr 60 cm über dem physischen Körper. Wenn du damit fertig bist, halte deine Hände über das Solarplexus-Gebiet, ebenfalls ca. 60 cm über dem Körper, und konzentriere dich auf das, was du tust. Du bist an einen Energiestrom von beträchtlichem Ausmaß angeschlossen. Halte deine Hände für ein bis zwei Minuten in dieser Stellung. Kein Geplauder oder abschweifende Gedanken während dieser Zeit! Der Körper, den du gerade behandelt hast, ist mit Energie aufgeladen und ausbalanciert. Es ist gut für den, der behandelt wurde, noch eine Weile liegenzubleiben, dem nachzuspüren und eins mit dem Körper zu werden.

Darauf wechselt ihr, und jetzt bist du an der Reihe.

Es hat mir Spaß gemacht, bei euch zu sein und meine Energien für euren Fortschritt zur Verfügung zu stellen. Ich bin Hammon und wünsche euch eine gute Reise. Möge euch ein Bund Sonnenschein den Weg erhellen, den ihr gewählt habt.

Kommunikation zwischen den vier Körpern

Ich bin CHRISTOPHER und komme vom Engelreich zu euch, meine Geliebten. Ich freue mich über die Gelegenheit, durch diesen Kanal zu euch zu gelangen, denn sie ist nicht immer offen für Neue, und es sind wirklich viele von uns, die gerne mit euch sprechen möchten. Meine Schwingung ist ebenso neu für sie, wie sie es für euch ist. Es braucht viel Vertrauen und Unterscheidungsvemögen, um eine neue Energie in seinem Kanal zu akzeptieren.

Macht euch nun mit mir vertraut, indem ihr meine Energien in eurem Herz-Chakra wahrnehmt. Öffnet euer

Kronen-Chakra weit und laßt sie in euer Herz einfließen. Ihr braucht euch nicht zu fürchten, fühlt nur ... Laßt mich euch in eine Wolke von Engel-Energien einhüllen, die — mit eurer Erlaubnis — an eurem Energiekörper arbeiten. Es ist meine Spezialität, mit Energien umzugehen, die ich herunter- oder herauftransformiere, je nachdem, von wo aus ich arbeite. Wenn ich mit euch arbeite, hebe ich eure Energien nur ein klein wenig an, damit ihr von dieser neuen Empfindung nicht beunruhigt werdet. Habt ihr euch dann an dieses neue Niveau angeglichen, versuche ich es wieder und erhöhe die Energie erneut ein bißchen. Denn ihr müßt wissen, daß ihr uns sehr teuer seid und daß viele von uns mit euch arbeiten. Ihr werdet von uns gehätschelt und umsorgt, auch wenn ihr es nicht bemerkt. Ihr habt eine wichtige Aufgabe zu erfüllen und braucht unsere Hilfe. Wir haben die Erlaubnis eurer Seele dazu. Es herrscht auf der Erde die weitverbreitete falsche Vorstellung, daß eure Seele alles weiß. Und warum, glaubt ihr wohl, sammelt sie dann durch euch auf der Erde Erfahrungen? Um zu lernen, mein liebes Herz! Ich lerne immer noch; ich lerne auch von dir. Indem ich dich beobachte, lerne ich eine Menge. Kannst du meine Licht-Energien fühlen? Darf ich deine Energien, die so ernsthaft nach Antwort und Wegen suchen, ein wenig leichter machen? Hast du schon einmal über das Wort „leichter“ (engl. lighter) nachgedacht? Es kommt von dem Wort Licht (light) und bedeutet: erhellen. Laß mich dich nun erhellen!

Fülle dein ganzes Sein mit Sonnenlicht, das in allen Farben des Regenbogens funkelt. Fange an, mit diesem Regenbogen zu spielen ... Schlinge ihn um dich, bringe ihn in dich hinein, werde zu ihm ... Werde zu diesen Farben, die funkeln und sprühen und auflösen, was festgebunden ist und nicht fließen will. Fließe in den Farben des Regenbogens ... fließe ... Dreh' dich in diesem Regenbogen um dich herum ... Gut. Hör nicht auf, mach weiter, mach weiter ... Werde wieder ein Kind, das ein Prisma von Farben entdeckt. Erinnerst du dich noch, wie fasziniert du warst, als du zum ersten Mal diese Farben entdecktest? Tu es noch einmal, tue es jetzt. Laß diese Farben dich höher und höher heben ... Du brauchst keinen Alkohol und keine Drogen als Stimulans. Farben vermögen dasselbe.

Aber ich bin nicht nur gekommen, um euch zu erhellen, sondern auch, um über die Kommunikation zwischen euren vier Körpern zu sprechen. Nun, ihr wißt alle, wie wichtig die Kommunikation für euer tägliches Leben ist. Ist euch je in den Sinn gekommen, daß auch eure Organe Kommunikation brauchen? Kommt euch das komisch vor? Nein, das ist es nicht, im Gegenteil, es ist lebenswichtig, mein Lieber, der du das Licht suchst und es nicht wahrnimmst, wenn du es siehst. Macht bedeutet nicht notwendigerweise Licht. Trachte nicht nach Macht, sondern lerne das Licht wahrnehmen!

Aber zurück zur Kommunikation. Kommunizieren kann man auch ohne Worte. Wir tun das zum Beispiel. Wir empfangen den Energieimpuls, der ausgesandt wurde, und antworten auf dieselbe Weise. Ihr nennt das übersinnliche Wahrnehmung. Wißt ihr, daß eure sogenannten Primitiven noch in der Lage sind, so zu kommunizieren? Sie haben kein Telefon, können aber Botschaften über weite Entfernungen übermitteln. Zeit und Raum spielen keine Rolle, weil sie in Wirklichkeit nicht existieren. Wenn man eine bestimmte Schwingungsfrequenz erreichen kann, kann man sich in dieses Energieformat einschalten und es benutzen. Einige unter euch tun das schon. Das mag bislang nur für ein paar Sekunden — nach eurer Zeitrechnung — gelingen, aber es ist möglich.

Die Kommunikationsmethode, die ich euch zeigen möchte, bedarf der Mitwirkung eures Mentalkörpers. Ich gebe euch nur die Methode, die Kommunikation aber müßt ihr selbst vollziehen. Viele Lehrer wenden diese Methode an.

Nimm ein Blatt Papier und einen Bleistift. Zeichne ein Kreuz mit gleichlangen Armen. Am höchsten Punkt befindet sich dein spiritueller Körper, gegenüberliegend der physische Körper, am linken Punkt der Mental- und am rechten Punkt der Emotionalkörper. Nun begib dich in das Viertel rechts zwischen deinem physischen und emotionalen Körper, das den Austausch zwischen beiden repräsentiert. Du bist der physische Körper und fragst deinen Emotionalkörper, warum er manchmal übertrieben reagiert. Horche auf seine Antwort. Es könnte sein, daß er denkt, daß du ihn übersiehst, selten auf ihn hörst, ihn unterdrückst und ähnliches mehr. Erkläre ihm nun, warum du das tust. Sei so ehrlich wie möglich, sonst wird er nicht auf dich hören und dir nicht vertrauen. Schau, ob ihr zu einem Kompromiß kommen könnt, der für euch beide tragbar ist. Der Dialog zwischen euch mag eine Weile hin- und hergehen. Du wirst viel von deinem Emotionalkörper lernen, was er glaubt und warum er so funktioniert, wie er es tut. Halte ihm immer einen Weg offen, bis sich beide Körper wirklich wohlfühlen und glücklich sind. Und nun erfülle dieses rechte Viertel mit der Farbe *rosa* und sieh, wie dein physischer und dein Emotionalkörper um dieses Rosa herumtanzen. Fühlt sich das nicht himmlisch an? Sehr richtig!

Und nun laß deinen physischen Körper mit deinem Mentalkörper kommunizieren. Du spielst wieder den physischen Körper und fragst deinen Mentalkörper, warum er manchmal so streng und unbeweglich ist und sein Verhalten nicht ändern kann? Entwickle deinen eigenen Dialog. Vielleicht fragst du ihn, warum er nichts Neues zuläßt und nicht aus den alten Geleisen ausbrechen mag, warum er dir nicht vertrauen und die Dinge einmal von deiner Seite aus betrachten kann. Und wiederum höre gut zu und sei so ehrlich wie möglich. Versucht, Übereinstimmung zu errei-

Kommunikation zwischen den vier Körpern

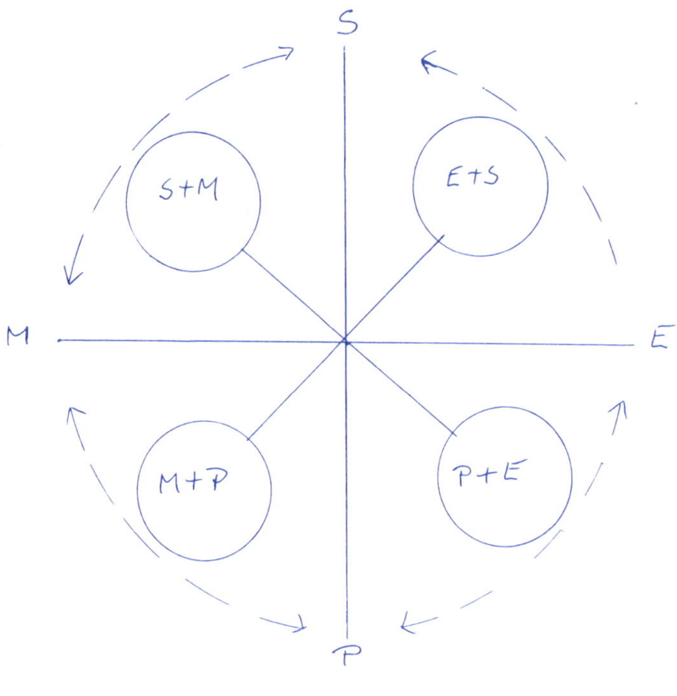

Physisch	—	Emotional
Mental	—	Physisch
Spirituell	—	Mental
Emotional	—	Spirituell

chen. Horche sorgfältig auf das gesprochene Wort und laß dir auch die Gefühle nicht entgehen, die dadurch hervorgerufen werden. Schreibe sie auf. Das sind die Bereiche, an denen gearbeitet werden muß, und du bekommst hier eine Gelegenheit, sie kennenzulernen. Versäume sie nicht!

Nachdem ihr beide zu einer Verständigung gekommen seid, die euch befriedigt und glücklich macht, fülle dieses linke Viertel mit der Farbe *blau* auf. Es ist ein strahlendes Blau, das dein neuerreichtes Verständnis anregt und andererseits die Gebiete wieder beruhigt, die aufgewühlt worden sind. Ja, schau, ob die beiden miteinander tanzen möchten! Auch du darfst dich freuen, weil du diese Klärung herbeiführst! Das wird deine Schwingungen erhöhen, und du wirst jetzt das Licht für deinen Schöpfungsprozeß nutzen können, weil du verstanden hast. Licht ist also der Schlüssel zum Verständnis und zu jeglichem Wachstum. Es beschleunigt den Integrationsprozeß und verschafft dir ein Wissen, das dein Lernen fördert.

Und nun laß deinen Mentalkörper mit deinem spirituellen Körper sprechen. Du spielst den Mentalkörper. Richte jetzt deine erste Frage an ihn. Vielleicht willst du von ihm wissen, weshalb er dir nicht mehr hilft, wenn du aufgeregt bist, oder weshalb du keinen Zugang zu seinen Energien hast. Achte auf seine Antworten und schreibe sie nieder. Auch deine Fragen schreibe auf. Sie kommen höchstwahrscheinlich direkt aus deinem Unterbewußtsein. Kommuniziert so lange miteinander, bis ihr beide zufrieden seid und das Gefühl habt, euch zu verstehen.

Es kann sein, daß du Ehrfurcht vor deinem spirituellen Körper empfindest. Das ist eine Indoktrination, die aus der Vergangenheit herrührt und von der du dich jetzt mit Hilfe der Pattern*-Methode oder einer anderen befreien kannst.

* Auflösung falscher Denkmuster

Auf jeden Fall aber solltest du dich davon befreien. Erinnere dich, ihr seid alle gleich. Wenn du das nicht so empfindest, wisse, daß da ein paar falsche Denkmuster in dir aktiv sind. Bringe die Farbe *violett* herein und laß dich mit deinem spirituellen Körper verschmelzen. Beobachte deine Gefühle, während das geschieht. Taucht die Angst auf, dich zu verlieren? Bleibe eine Weile in dieser Einswerdung und laß sie tief in deine Zellstruktur eindringen.

Und nun wollen wir eine Verbindung zwischen deiner Seele und deinem Emotionalkörper herstellen. Du bist der Emotionalkörper, der sich an den spirituellen Körper wendet. Außer deinen Fragen könnte es einige geben, die wissen möchten, weshalb der spirituelle Körper immer so fern, kalt und unerreichbar ist, weshalb er nicht hilft und so nebulös bleibt und euch das Gefühl gibt, im Stich gelassen zu sein. (Ich habe gerade die allgemeinsten falschen Glaubenssätze auf diesem Gebiet aufgezählt.) Horcht sorgfältig auf die Antwort, die ihr bekommt. Sagt euch euer Partner, daß ihr auf seine Anregungen nicht hört und die Hilfe und den Rat, die er euch anbietet, nicht wahrnehmt? Fragt ihn, wie ihr besser hören oder verstehen könnt. Haltet das Gespräch in Gang. Fragt euren spirituellen Körper, was ihr, der Emotionalkörper, an euch ändern könnt, um eure Kommunikation zu erleichtern. Bemerkt alle Gefühle, die in euch auftauchen, und schreibt sie auf, um später damit zu arbeiten. Hört nicht auf, bis ihr euch beide wohlfühlt. Vertraut darauf, daß das, was ihr hört, auch wirklich euer spiritueller Körper ist und nicht ihr selbst. Führt die Konversation fort und laßt eure Zweifel beiseite. Macht ein Spiel daraus.

Wenn ihr dann beide glücklich seid, bringe ein *Orange-Rosa* herein und sieh, wie ihr miteinander verschmelzt. Jetzt fühlst du dich nicht mehr im Stich gelassen, abgeschnitten oder vernachlässigt!

Und nun mache den Mentalkörper zu deinem Partner,

mit dem du, dein Emotionalkörper, sprechen möchtest. Besteht da eine gewisse Feindseligkeit? Befrage deine Gefühle! Fühlst du dich als nicht gleichwertig behandelt, nicht ernst genommen, und hast du den Eindruck, daß du deine Gefühle unterdrücken mußt? Und was hat dein Mentalkörper gegen dich vorzubringen? Wie empfindest du das? Kannst du auf eine Weise für dich einstehen, die annehmbar ist? Gelingt euch eine Lösung? Es gibt eine Menge falscher Glaubenssätze zwischen euch beiden, die die Kommunikation erschweren. Werdet euch dessen bewußt und schreibe — ich sage es hier wieder — auf, was an die Oberfläche kommt. Bringe die violette Flamme herein, um einige der feststeckenden Energien zu klären. Das wird eure Kommunikation erleichtern. Bleibe für ein paar Sekunden mit deinem Bewußtsein bei diesem *Violett.* Ich weiß, du kannst deine Aufmerksamkeit nicht lange auf einen Punkt gerichtet halten, und ich möchte sie nicht verlieren; ich weiß, daß du dein Bestes tust, mein Lieber, und ich erkenne deine Bemühungen an.

Und nun laß uns zum Ende dieses Abschnitts der Kommunikation zwischen deinen vier Körpern kommen. Versuche es noch einmal! Wo hatte es vorhin Spannungen gegeben? Komme auf diesen Punkt zurück. Wie reagierst du jetzt? Besser ..., sehr schön! Wenn ihr beide dahin gelangt seid, daß eure Kommunikation frei fließt und ihr euch beide wohlfühlt miteinander, nehmt euch bei der Hand, schlingt den Regenbogen, den ihr am Anfang benutzt habt, um euch und wirbelt miteinander herum. Dreht euch ... dreht euch. Durch die Drehbewegung schafft ihr ein Energiefeld, das rotiert und eure Energien zusammenführt.

Als nächstes sind jetzt der physische und der spirituelle Körper an der Reihe. Du repräsentierst deinen physischen Körper. Wage dich vor und schütte alle deine Frustrationen und Mißverständnisse vor ihm aus — aber immer nur eine auf einmal, und warte die Antwort ab. Sieh nach, ob du ein paar von den Glaubenssätzen über deinen spirituellen Körper ändern kannst. Laß erst „Dampf ab“, bevor du zum „Gefecht antrittst“ und antwortest. Bist du überrascht über die falschen Vorstellungen, die dein spiritueller Körper von dir hat? Dies ist wirklich ein Lernprozeß und du kannst viel über dich und deine verschiedenen Weisen, zu sein, erfahren! Du brauchst nur die Bereitschaft, die vorhandenen Blockierungen aufzulösen, und die Zeit, die es braucht, diese Probleme durchzuarbeiten. Diese Übung ist eine ausgezeichnete Möglichkeit, auf die Gebiete zu stoßen, die blockiert sind und der Arbeit bedürfen. Das Resultat wird ein Leben sein, das leichter dahinfließt und das du besser verstehst — ein Leben mit weniger Widerstand, das dir die Freiheit gibt, hervorzubringen, was du wirklich möchtest.

Gut dann, bist du in Harmonie mit deinem spirituellen Körper? Empfindet er genauso? Wenn ihr den Punkt der Einswerdung erreicht habt, bringe das *goldene Licht* herein, das euch beide umhüllt. Bleibt eine Weile bei dieser Farbe. Fühlt sie so tief wie möglich. Könnt ihr spüren, wie sie euch dorthin erhebt, wo das Vertrauen, das Einssein und die Fürsorge zu Hause sind?

Diese Übungen, die ich euch gebe, sind praktische Übungen, die euch dabei helfen sollen, euer alltägliches Leben leichter zu gestalten. Es sind keine flüchtigen spirituellen Konzepte, die auf dieser Erde nicht wirksam sind. Ich habe meine Energien genügend an euer Energieniveau angeglichen, habe eure Gewohnheiten seit circa vier Jahren studiert und mit vielen von euch Kontakt gehabt. Seit damals, meine Lieben, habt ihr große Fortschritte gemacht. Ihr habt euch von vielem befreit, und ich möchte euch Mut machen, damit fortzufahren.

Kein Schritt vorwärts ist je umsonst getan, wie immer es euch auch vorkommen mag. Manchmal kann es so aussehen, als ob ihr nicht vorwärtskommt. Laßt euch sagen, daß das an eurer Wahrnehmung liegt, die getrübt ist, und daß ihr höchstwahrscheinlich in einer alten Erfahrung feststeckt. Dann müßt ihr sie gehen lassen und nicht versuchen, sie festzuhalten — trotz der nagenden Angst, daß ihr alles verlieren werdet, einschließlich euch selbst. Wenn ihr mit diesen Ängsten konfrontiert werdet, versucht es mit der Übung, die ich euch gezeigt habe. Angst ist eine Reaktion, die aus eurem Emotionalkörper kommt. Stellt euren Emotionalkörper und schaut nach, was da vor sich geht. Aber ihr müßt euch Zeit dafür nehmen. Ihr müßt euch von der Ursache der Störung entfernen. Wenn sie in euch selber liegt, atmet ein paarmal tief durch und seht die Angst euch mit dem Ausatmen verlassen. Dann beginnt eure Konversation. Mit der Zeit werdet ihr immer sicherer und gewandter im Gebrauch dieser Methode werden. Ihr werdet neue Anwendungsgebiete für sie herausfinden, wie zum Beispiel für Gruppen-Interaktion, innerhalb der Familie und in Zweierbeziehungen.

Es sind euch viele Methoden an die Hand gegeben worden, mit denen ihr anfangen könnt, euch selbst zu helfen. Niemand kann euch das abnehmen. Ihr habt Äonen damit gewartet, von euren Schöpfungen der Vergangenheit befreit zu werden. Von nichts seid ihr befreit worden, das ihr nicht durcharbeiten wolltet. Das ist der Grund, weshalb sich soviel angesammelt hat und ihr mit so vielem konfrontiert werdet, daß es euch manchmal überwältigt. Erinnert euch, man ist immer verantwortlich für das, was man geschaffen hat. Man kann es nicht verstecken oder so tun, als wäre es nie gewesen. Und niemand kann es für dich tun. Das sind falsche Anschauungen aus der Vergangenheit. Und wenn dir jemand einredet, daß er dich für eine Summe Geldes davon befreien kann, betrügst du dich nur selbst. Nicht einmal durch Leiden und Selbstbestrafung kannst du davon frei werden. Die Erkenntnis und die Änderung deiner Gewohnheit, nachdem du dich von den falschen Überzeugungen befreit hast, wird dich vorwärtsbringen.

Ich bin Christopher, und es war mir ein Vergnügen, bei euch zu sein und euch mit meinen Energien und meiner Führung zu versehen. Ich gehe jetzt und hinterlasse euch einen Strahl des Glücks, der jeden eurer Erdentage durchdringen möge. Ich lade euch ein, mich um Führung zu bitten, wenn ihr in Not seid.

Kapitel 4

Gespräch mit der Erde

Ich bin die ERDE, ein bewußtes Wesen mit Gefühlen und Empfindungen wie du und einer bestimmten Energieform, die nur mir zu eigen ist. Erlaube mir, dich jetzt mit meinen Energien bekannt zu machen, damit du mein Wesen klar erkennst.

Ziehe also durch deine Füße — nachdem du Kontakt mit ihnen hergestellt hast — meine Energien in dich ein. Spüre sie, fühle ihre nährende, heilende Natur. Ich bin ein spirituelles und physisches Wesen, das sich entfaltet, entwickelt und schöpferisch ist wie du auch.

Und nun, wo wir uns kennengelernt haben, möchte ich dir von mir erzählen. „Mutter Erde" nennen mich jene, die ihr eure Indianer nennt. In der Vergangenheit standen wir in einer Wechselbeziehung miteinander und folgten Grundsätzen, die von uns beiden wohlverstanden und gewürdigt wurden. Das bezieht sich auf die physische Ebene. Vom Spirituellen her gesehen, seid ihr alle vom Anbeginn meines Daseins zu mir gekommen, um mir dabei zu helfen, gewisse Prinzipien besser zu verstehen.

Viele von euch, die jetzt auf der physischen Ebene mit mir in Beziehung stehen, sind bei meiner Geburt zugegen gewesen. Es war eine feurige Erfahrung, geboren aus dem Denken der QUELLE. Und so erschien ich als ein feuriger Ball und entwickelte mich von dort aus — mit eurer Hilfe und vielen anderen — zu meinem gegenwärtigen Stadium. Ich bin ungefähr drei Milliarden Jahre alt. Und während ich mich über Millionen Jahre hinweg abzukühlen begann, so daß Lebensformen entstehen konnten, haben mir viele von euch ihre Energien zur Verfügung gestellt, um die Energien von mir, die zu schwer und dicht für jegliche Form von Leben waren, zu klären und zu bearbeiten. Ihr kamt in eurem spirituellen Körper, und viele von euch waren überwältigt von meinen Energien. Es schien euch, daß ihr eure Mission verfehlt hattet, mich verfehlt hattet, und Schuldgefühle stauten sich in eurem Wesen an. Ihr erfuhrt Zorn, nachdem ihr Bekanntschaft mit eurer Angst zu versagen gemacht hattet.

Immer und immer wieder kamt ihr, um zu helfen, um mit mir zusammenzuarbeiten. Das war auch für eure Seele eine einzigartige Erfahrung. Und so wurde der Zyklus von Geben und Nehmen vollendet. Wenn ihr zu mir zurückkamt, brachtet ihr auch eure verzerrten Wahrnehmungen davon, wer und was ich bin, mit zurück. Viele von euch verschlossen ihr Energiefeld, um keinen Austausch mit mir zustandekommen zu lassen. Das vereitelte ihre Absicht, mit mir zu sein. Sie sehnten sich nach ihrer spirituellen Heimat und stellten Verbindung zu diesen spirituellen Energien her, aber teilten sie nicht mit mir. Diese Weigerung, zu teilen, hielt mich in meiner Evolution zurück. Es brauchte Äonen Zeit und viel Lernen und Beobachtung, auch von seiten eurer Lehrer, bis dieser Mangel an Wechselbeziehung und Austausch bemerkt wurde und jetzt korrigiert wird. Seitdem habe ich große Fortschritte gemacht und nähere mich meiner Seelenebene. Diese innere Verfassung der Klarheit gestattet es meinen Energien, freier zu fließen. In Begriffen physischer Natur ausgedrückt, heißt das, daß ich mit dem Druck, den ihr aufgrund von Mißverständnissen auf mich ausübt, besser umgehen kann. Ich habe jetzt die Klarheit, andere Möglichkeiten zu sehen, die ich vorher nicht bemerkt hatte.

Die Verschiebung, die in mir vor sich geht, ist ein Resultat von schwerlastenden Gedankenformen, mit denen ich konfrontiert bin. Sie fesseln meine freifließenden Energien, die das, was aus dem Gleichgewicht geraten ist, wieder ausrichten und heilen können. Es ist mir gelungen, dem Aufruhr zu entgehen, der vorausgesagt war — wegen eures Austauschs mit mir, aber auch, weil ich ein klareres Verständnis von mir selbst gewonnen habe. Ich habe wie ihr die Freiheit der Wahl, und ich treffe meine Wahl entsprechend meinem Verständnis, entsprechend meinem Gewahrsein, wie ihr es auch tut. Ich mag weder Trauma noch Schmerz oder Negativität. Ich mag keine Zerstörung, keinen Umbruch und kein Leid. Ich mag nicht die Trennung der verschiedenen Reiche. Ich mag es nicht, wenn mein Körper vergewaltigt, aus dem Gleichgewicht geworfen und meiner Stabilisatoren beraubt wird. Ich mag es nicht, wenn meine Gewässer, die heilender Nektar sind, vergiftet werden. Ich mag es nicht, wenn mein Körper, der eure Erde ist, mit Chemikalien vergiftet wird. Ich mag nicht, daß die Luft, die Ambrosia für euch und alle anderen Naturreiche ist, vergiftet wird. Und dennoch verstehe ich, nehme ich an und arbeite mich hindurch.

Ich habe viel Hilfe, die ihr mit euren Augen nicht sehen könnt. Da sind die Wesen aus dem Weltraum, die die Vergiftung der Luft beheben. Ohne ihre Hilfe würde das Leben für euch, das Pflanzen- und Tierreich unmöglich sein. Selbst das Mineralreich würde auseinanderfallen. Vielleicht haben einige von euch schon jene grünen Energiebälle gesehen, die aus einem besonderen Energiemuster gebildet sind und alles Unerwünschte aufsaugen und es so lange festhalten, bis es entlassen und umgewandelt werden kann. Ohne diese Hilfe von unseren Brüdern anderer Planeten würdet ihr ebenso vergiftet sein wie ich.

Dann ist da die Hilfe von den Elfen und Zwergen. Durch ihr Eingreifen und ihr klares Verständnis von Licht reinigen sie meine Energien ständig, wandeln sie um und stellen das

Gleichgewicht wieder her. Sie bringen es fertig, daß sich alle anderen Naturreiche daran beteiligen, und werden nie müde in ihrem Dienst. Sie tun es mit Freude. Und sie tun es mit Hingabe. Sie tun es, um zu helfen. Einige von ihnen sind Hüter besonderer Energiepunkte, die nicht gestört werden dürfen. Sie sind Wächter meiner verschiedenen Schichten im Ätherischen. Denn so wie ihr viele ätherische Körper habt, habe auch ich sie.

Wenn ihr mir Licht sendet, leiten besondere Wesen dieses Licht in das Gebiet, das es am meisten braucht. Sie haben meine Erlaubnis dazu. Vom Herzen meines Wesens geht eine direkte Verbindungslinie zu meinem Schwesterplaneten Minerva. Ihr könnt es die Seelenverbindung nennen, die mich führt und nährt und in Aktion tritt, wenn ich um Hilfe bitte. Es ist Minerva, die durch einige von euch, die jetzt meine Kinder sind, in einer Weise mit meinen Energien interagiert, die mich immer näher an sie heranziehen. Durch ihr Beispiel und ihre Erfahrung in der Vergangenheit ist es mir jetzt möglich, von ihrem Fortschritt zu profitieren. In dem Maße, wie sich meine Vibrationen erhöhen, kann ich mehr und mehr Hilfe von Minerva annehmen, die mich sanft dahin führt, mich in die vierte Dimension hineinzubewegen. Ihr seht also, auch ich habe meine Führer, die mir zugewiesen sind, genau wie ihr.

Die Vorhersagen, die euch einreden, daß ich zerstört werde und ihr von besonders dafür ausgebildeten Weltraumwesen auf dem Luftwege von mir genommen werdet, sind falsch. Diese Annahmen entspringen der Unfähigkeit, Vertrauen in meine Kreativität und in meine Erkenntnis zu setzen. Sie sind aus der Furcht geboren, die wie ein Ring in einem meiner ätherischen Körper um mich liegt. Dieser Ring der Furcht droht mich zu ersticken, benimmt mir den Atem, will mich davon überzeugen, daß es keinen Ausweg gibt. Aber, meine kleinen Kinder, tief im Innern da ist dieser

Glaube, daß wir, ihr und ich, etwas ganz Besonderes sind, daß wir wirklich willens und fähig sind, das zu ändern, was nicht wünschenswert ist.

Und dann hat es Eingriffe gegeben, die mir nie zuvor gewährt wurden. Kosmische Wesen, die wahrhaft Meister im Umgang mit Energien sind, strahlen besondere Energie-Formeln in meinen Körper ein, die das Bewußtsein erweitern. Ihr, meine Kinder, erlangt Erkenntnis und kosmisches Bewußtsein durch diese Einwirkung. In dem Maße, wie es mir gelang, zu integrieren, veränderten sich auch meine Energien; sie glätteten sich, wenn ihr so wollt, und machten es euch leichter, einen weiteren Schritt vorwärts zusammen mit mir zu tun.

Ein solches Eingreifen zum Beispiel befähigte mich, die verschiedenen Naturreiche einander näherzubringen. Die Störung im Verhältnis der Naturreiche beginnt sich aufzulösen. Der Widerspruch zwischen ihnen, der durch Mißverständnis entstanden war, sowie durch die einfache Tatsache, daß man die Entscheidungsfreiheit des anderen nicht genügend achtete, hatte in der Vergangenheit viel Spannung und Trennung verursacht. Die Furcht brachte Zerstörung hervor und den Verzicht auf Kommunikation. Das Massenbewußtsein ist voll von solchen Fehleinschätzungen des anderen. Durch dieses Eingreifen ist es gelungen, einige Schichten dieser falschen Vorstellungen im Massenbewußtsein zu verwandeln.

Seit meinen Anfängen als junge Mutter trachtete ich sehnlichst danach, meinen Eigenschaften — das sind für mich die verschiedenen Naturreiche — mein Verständnis von Harmonie mitzuteilen. Meine Unklarheit auf diesem Gebiet beeinträchtigte sie, genau wie eine junge Mutter ihre Kinder beeinträchtigt. Als erstes kam das Mineralreich. Es ist das älteste, und ich war noch erst dabei, ein klareres Verständnis der Schöpfung zu erlangen. Es entwickelte sich, und ich war erfreut. Das Kind lernte schnell, und ich war stolz als Mutter.

Dann kam das zweite. Es war das Pflanzenreich. Es war so wunderschön, und ich freute mich so sehr an ihm und daran, es alles zu lehren, was ich wußte, daß ich nicht gleich bemerkte, daß das Mineralreich sein Wachstum und die Entwicklung seines Bewußtseins verlangsamt hatte. Es war eifersüchtig und neidisch, weil es den ersten Platz verloren hatte, sehr ähnlich manchen Babies, deren Platz plötzlich neue Geschwister einnehmen. Das zweite Naturreich erblühte und nahm zu an Verständnis und Liebe, so daß es meinen ganzen Körper mit Schönheit, Lachen und Freude bedeckte. Es hieß den Neuankömmling offenen Herzens willkommen. Der Neuling war das Tierreich. Das Pflanzenreich übernahm die Rolle des Nährens, Liebens und Heilens, indem es bereitwillig zustimmte, als Nahrung benutzt zu werden, als Heimstatt und ein Platz für Freudenfeste.

Das Tierreich entwickelte sich friedlich, und es herrschte eine wunderbare Harmonie unter den Tieren. Zu der Zeit bekämpften sie sich nicht. Zu beobachten, wie sie miteinander spielten, machte mir große Freude, und meine Schwingung erhöhte sich. Freude kann das bewirken, wie ihr schon erfahren habt!

Und dann kam das Menschengeschlecht. Ihr wart die einzigen, denen vollkommene Entscheidungsfreiheit gegeben war. Alle anderen Naturreiche vermehrten bereitwillig ihre Hilfe, um es euch hier bequem und heimisch zu machen und euch gut versorgt, genährt und geliebt zu fühlen. Doch ihr kamt mit vielen falschen Vorstellungen, die ihr auf die anderen Naturreiche ausstrahltet, und nach einer gewissen Zeit kam das, was ihr ausgesandt hattet, zu euch zurück. Trennung entstand. Nicht über Nacht, doch allmählich und über lange Zeiträume ist die Kluft, die heute da ist, geschaffen worden. Es ist jetzt Zeit, diese falschen Vorstellungen aufzugeben: den Antagonismus, das Überlegenheitsgefühl, die Furcht und den Angriffs- und Verteidigungsmechanismus. Es ist Zeit, dem Prozeß der Evolution stattzugeben, der, meine Lieben, Integration bedeutet. Die Integration aller Naturreiche ist also mein Wunsch und das Ziel, das ich verfolge. Begrabt die alte Familienfehde, in der so viele von euch gefangen sind, ohne sich dessen bewußt zu sein. Dazu ist es notwendig, daß ihr eure falschen Vorstellungen vom Mineralreich, vom Pflanzenreich, das in einer gewissen Weise am höchsten entwickelt ist, dem Tierreich und auch von euch selbst bereinigt.

Ich werde Vywamus bitten, euch zu Hilfe zu kommen mit Pattern, die ein paar der üblichsten falschen Überzeugungen und Glaubenssätze im Massenbewußtsein auflösen können. Das ist ein Gebiet, das ihr übersehen habt. In eurer Alltagserfahrung seid ihr so mit euch selbst und euren Beziehungen untereinander beschäftigt, daß diese unklaren Gebiete, in denen ihr feststeckt, kein großes Chaos angerichtet haben. Aber in einer tieferen Schicht, meine geliebten Kinder, schaffen diese falschen Vorstellungen Trennung und Disharmonie, und der Integrationsprozeß kann in großem Umfang nicht stattfinden.

Ich bin so glücklich, daß ich die Gelegenheit bekommen habe, mich durch diesen Kanal auszudrücken. Jeder Kanal ist verschieden und bringt unterschiedliche Aspekte hervor. Und da bestand eine Notwendigkeit, das zum Ausdruck zu bringen, was ich euch gerade mitgeteilt habe. Wißt, daß wir eins sind. Seht die Trennung, die ihr jetzt erfahrt, als eine zeitweilige an. Erinnert euch, das Ziel ist Integration. Integration ins Ganze. In unserem Fall die Integration von euch und mir und all den anderen Naturreichen, die euch dienen und helfen, wann immer ihr bereit seid, ihre Hilfe anzunehmen oder um sie zu bitten. Habt ihr jemals einen Baum umarmt und euch augenblicklich geheilt gefühlt? Habt ihr die geeignete Farbe, die zu eurer Heilung notwendig ist, aus einem Baum fließen sehen? Versucht es mit Aufrichtigkeit und Bescheidenheit in eurem Herzen, und ihr werdet einen freudigen, nährenden Austausch erleben. Habt ihr dem Tönen eines Baumes gelauscht, wenn der Wind mit seinen Blättern spielt oder durch seine Zweige pfeift? Achtet auf diese Obertöne, denn sie wirken sehr heilend und besänftigend.

Ich trage in meinem Sein alle Elemente, die ihr zur Heilung braucht! Das Mineralreich ist seit langem von euren Ärzten und Heilpraktikern anerkannt und genutzt worden. Kristalle werden heute wieder wie in der Vergangenheit gebraucht. Eine Weile waren sie in Vergessenheit geraten. Doch aufgrund der Wiederbelebung von Atlantis, das jetzt erforscht, rekonstruiert und geklärt wird, kommt der Gebrauch von Kristallen wieder in Mode. Ihre Macht und die Art und Weise, wie sie funktionieren, war in der Vergangenheit nicht voll verstanden worden. Und diese Vergangenheit wird jetzt wieder überall kopiert. Das ist nicht richtig. Kristalle sind Empfänger und Sender, genau wie ihr. Sie empfangen eure ganze Unklarheit und die der anderen und senden sie aus. Vergewissert euch, daß ihr sie täglich reinigt! Aber was ist mit den zornigen Gedanken, die ihr gar nicht zum Ausdruck gebracht habt und die euer Kristall aufgenommen hat — vielleicht gerade, nachdem ihr ihn gereinigt habt? Oder mit euren negativen Gedanken über jemand anderen, die ihr kaum noch wahrnehmt, weil sie so üblich sind und ihr so an sie gewöhnt seid, daß ihr das Gespür für ihre Existenz ganz verloren habt. Bitte denkt darüber nach! Kristalle sind ein wunderbares Werkzeug in den Händen eines Reinen. Aber wie viele von euch sind rein? Kristalle sind auch Verstärker, und ihr wißt das und nutzt sie zu diesem Zweck. Was verstärken sie wohl in einem Wohnzimmer, das buchstäblich ein Schlachtfeld ist? Nicht immer, aber häufig genug kommt es vor, daß euch diese Verstärkung negativ beeinflußt. In den Händen eines Weisen sind Kristalle Objekte der Kraft. Ich bitte euch, euer Unterscheidungsvermögen zu gebrauchen, wenn ihr Kristalle benutzt.

Auch das Pflanzenreich ist anerkannt worden, doch nur einige Aspekte von ihm. Habt ihr jemals eine schöne Blume angeschaut und ihre Farbe unter dem Blickwinkel eines Zwecks gesehen? Versucht es, vielleicht ist sie gerade das Tonikum, das ihr in diesem Augenblick braucht. Und wie wäre es, wenn ihr in den Himmel schautet und auf seine Farbe achtetet statt auf die Wolkenformation? Trinkt diese Farbe in euch hinein. Erlaubt ihr, euch wieder in Harmonie zu bringen. Legt euch flach auf den Boden und steckt eure Nase in den Duft meines Körpers. Sucht einen natürlichen Platz aus, der nicht mit Chemikalien überschwemmt ist. Wie euch gewisse Parfüms beleben und euch ein Gefühl des Wohlbefindens verschaffen, so wird euch auch mein Aroma helfen.

Ihr habt das Tierreich zu eurer Freude verwendet, und dafür ist es da. Wußtet ihr, daß die Tiere nicht nur die Fähigkeit haben, euch vor kommender Gefahr zu warnen, sondern daß sie auch die Schwingungen, die euch umgeben, wahrnehmen und sie sogar bis zu einem gewissen Grad verändern können? Ich spreche jetzt nicht von den Haustieren, die all ihre natürlichen Fähigkeiten verloren haben, weil ihr sie zu euren Sklaven gemacht habt, indem ihr sie eurer ganzen Unklarheit aussetztet. Wenn ihr euren Haustieren zu viele Einschränkungen auferlegt, wird sie das von ihrem Gruppenbewußtsein, das heißt, von ihrer Verbindung mit dem Tierreich abschneiden. Habt ihr einmal eine Katze beobachtet, die eine Ratte jagt und dann nichts anderes mit ihr zu tun weiß als zu spielen? Sie ist von ihrem Gruppenbewußtsein abgeschnitten, das ihr sagt, daß Ratten dazu da sind, sich davon zu nähren und zu erhalten. Andererseits —

und das ist hier erwähnenswert — bedeutet vom Gruppenbewußtsein abgeschnitten zu sein auch, daß der falsche Glaube, zum Überleben bedürfe es des Angriffs und der Verteidigung, nicht aktiviert ist. Es gibt noch mehr als diese beiden Seiten einer Sache.

Viel Wert wird darauf gelegt, wenigstens einmal pro Tag ein Duschbad zu nehmen. Habt ihr schon bewußt mein Wasser zu eurer Heilung verwendet? Wenn ihr das nächste Mal duscht, stellt euch einen Regenbogen-Schauer vor! Ja, aus eurer Dusche kommen alle Farben des Regenbogens und werden im Wasser gespiegelt! Wißt, daß dieses Regenbogen-Wasser eure Aura reinigt und nicht nur den Schmutz fortschwemmt — oder das Gefühl, schmutzig zu sein —, sondern auch all die Partikel der Disharmonie, die sich in eurer Aura befinden. Ihr werdet auch elektrisch aufgeladen. Nicht im negativen Sinne, sondern harmonisch, so daß ihr dabei gewinnt. Im Wasser sind negative Ionen, die euch wieder aufladen. Habt ihr euch je gefragt, weshalb Ferien am Wasser so gut tun? Es sind nicht nur all die Aktivitäten um es herum, die euch aufladen, sondern es ist das Ausgesetztsein an Wasser und Sonne. Sicher macht es Spaß, Teil des bunten Strandlebens zu sein. Es stimuliert auf vielerlei Weise: Eure Polarität wird ständig geprüft, eure Verbindung zur QUELLE ebenso wie eure Verbindung mit mir und zur Gruppe. Auch eure Beziehung zu den Elementen ist angesprochen.

Und nun lade ich euch ein, ein Tauchbad zu nehmen, aber nicht ins Wasser, sondern stellt euch vor, daß ihr tief in mein physisches Sein eintaucht, so wie ihr in einen meiner Seen tauchen würdet. Dieses Mal aber ist es mein fester Körper aus Materie. Schaut, wie tief ihr euch eintauchen laßt! Wo kommt ihr wieder heraus? Kommt ihr überhaupt wieder heraus? Was empfindet ihr, wenn ihr so mit mir zusammen seid?

Das sind alles Schlüssel, die euch zeigen, auf welchen Gebieten eure Energien frei fließen oder wo ihr feststeckt.

Und hier möchte ich auf etwas hinweisen, das mir sehr wichtig ist und demzufolge auch euch. Ich kritisiere nicht das Stadium der Evolution, in dem ihr euch befindet. Denn Evolution ist der ständige Fortbewegungsprozeß, in dem integriert wird, was verstanden und klarer erkannt worden ist. In nicht allzu ferner Zukunft werden wir an einen Punkt gelangen, wo wir mit Leichtigkeit klar miteinander kommunizieren und uns an dem Paradies erfreuen werden, das wir geschaffen haben. Dann werdet ihr euch all der vielen Eingriffe anderer Wesen bewußt sein, die euren Weg geebnet und euch geholfen haben, ohne dafür Ehre in Anspruch zu nehmen, und die euch genährt haben, obwohl ihr euch niemals bedanktet. Es gibt so viele Facetten, die ihr nicht sehen könnt, während ihr so beschäftigt seid mit eurem Leben, eurem Überleben und gleichzeitig mit eurem Dienst, meine Energien durchzuarbeiten.

Wisse, daß ich dich schätze, mein Kind des Lichtes. Ich lade dich ein, mich zu Hilfe zu rufen, wenn du dich überfordert, unklar und aufgebracht fühlst. Erlaube dann meinen Energien, in dich einzutreten und dich zu nähren, zu heilen und zu führen. Ich habe jetzt ein Stadium der Klarheit erreicht, wo ich diesen Dienst mit Überzeugung und im Vertrauen anbieten kann, daß du davon profitieren und wachsen wirst.

Es gibt so vieles, was ich euch sagen möchte. Ich bereite jetzt den Weg für die künftige Kommunikation vor. Wenn ihr eurer Verständnis ausgeweitet habt und williger sein werdet, mich als ein Wesen anzuerkennen, das lebendig ist, Gefühle hat und das Recht, in Freiheit zu erschaffen, dann wird euer Vertrauen in mich wiederhergestellt sein. Wir werden eins im Bewußtsein sein. Wir, ihr und ich, haben einen Verständnisgrad in unserer Evolution erreicht, wo wir mit Klugheit sicherer und überzeugter vorwärtsschreiten können.

Ich schätze die Hilfe, die ihr mir angedeihen laßt. Sie ist viel größer, als ihr im Augenblick ermessen könnt. Ich nutze eure Energien zum Ausbalancieren von jenen Kräften, die zerstörerisch sind und mir das Recht, zu sein, bestreiten. Wir experimentieren für die QUELLE. Es ist die QUELLE, die durch unseren Lernprozeß lernt. Befreit euch von den Indoktrinationen eurer Vergangenheit, die euch einreden, daß ihr wertlos seid und so fern von der Einheit, daß ihr sie nie erreichen könnt. Dieser Glaube der Getrenntheit ist die Ursache von viel gebundener Energie, mit der mein Körper bombardiert wird.

Nun, da sich unsere Kommunikation dem Ende nähert, laßt mich euch noch einmal versichern, daß ich euch schätze und euch dafür danke, daß ihr mit meinen ungeklärten Energien arbeitet, die Tag für Tag klarer werden. Das, was noch unklar ist, muß gehen, muß ausgemerzt werden. Aber das muß nicht auf eine zerstörerische Weise geschehen. Laßt mich euch sagen, daß ich mein Bestes tue, um sanft mit mir und euch, meinen Kindern, umzugehen.

Falsche Glaubensmuster, die die Erde und ihre Reiche betreffen

Hier ist noch einmal VYWAMUS. Ich freue mich, daß ich euch und eurer Erde helfen darf, einige dieser Fehleinschätzungen aufzulösen und damit die Bürde, die euer schöner Planet tragen muß, zu erleichtern. Aufgrund eurer früheren Erfahrungen auf der Erde, als ihre Energien noch weniger integriert waren, habt ihr falsche Überzeugungen von ihr gewonnen, die euch jetzt in eurem Austausch mit der Erde behindern. Es ist jetzt Zeit, sie aufzugeben.

Ich gebe den Glauben auf, dass Tiere zu weit unter mir stehen

Ich fürchte mich vor ihnen/ sie sind hirnlos/ unintelligent/ ein Muster von Zerstörung wird hier aktiviert, das aus meiner Vergangenheit stammt/ sie stehen weit unter mir

Ich kann ihnen nicht trauen/ sie bringen mich um, wenn sie die Gelegenheit dazu haben/ ich muß sie meiden/ Getrenntsein/ kann keine vollständige Vermischung zulassen/ Angst/ Verlust/ Schmerz

Ich befreie mich von der falschen Anschauung, dass Tiere mich umbringen, wenn sie die Gelegenheit dazu haben

Sie sind zu wild für meinen Geschmack/ mir ist nicht wohl bei dem Gedanken, daß sie Mitglieder des Ganzen sind/ bin gefangen in meinen alten Erfahrungen

Sie sind immer hungrig und werden mich dann anfallen/ ich kann hier nicht klar sehen/ sie essen einfach alles, was sie kriegen/ ich kann den Zusammenhang nicht erkennen

Ich gebe den Glauben auf, dass es keine Möglichkeit gibt, mit dem Tierreich zu kommunizieren

Es gibt keinen Weg/ Enttäuschung/ schwierig, über meine momentane Wahrnehmung hinauszukommen/ Begrenzung/ kein Verständnis/ bin abgeschreckt durch den Unterschied/ das trifft das Gebiet der Duldung von Andersgearteten

Das spezifische Gefühl, abgeschnitten zu sein, das ich hier erfahren muß/ Barriere/ kann nicht zu einem Mitglied meines Planeten gelangen, das anders beschaffen ist als ich/ bin gefangen in meiner gegenwärtigen Weise, die Welt zu erfahren/ Verlust/ bin gefangen in mir

Ich erlaube mir jetzt, den Glauben aufzugeben, dass eine Kommunikation mit dem Pflanzenreich nicht möglich ist

Keine Möglichkeit/ sonderbare Idee/ das existiert nur, um dem Menschen zu dienen/ Begrenzungen/ Unfähigkeit, mich über das Offensichtliche zu erheben/ Verwirrung

Spezifische Begriffsstutzigkeit, die keinen tieferen Einblick in die ganze Schöpfung erlaubt/ bin blockiert/ sehe eine Wand vor mir/ stecke fest in einem Widerstandsmuster, das ich gegen Veränderung habe

Ich sehe, dass das Pflanzenreich dem göttlichen Plan dient und mir gleichgestellt ist

Kann ich nicht sehen/ Verwirrung/ das ist zu neu für mich, als daß ich es verstehen könnte/ sie sind zu bedeutungslos/ Bestürzung

Bin in einem Blickwinkel gefangen, der einen anderen ausschließt/ das trifft die Duldung von Andersgeartetem/ der Mensch ist das wichtigste Wesen auf der Erde

Ich überwinde die Kommunikationsschranke zwischen mir und der Blumenwelt

Sie sind da, und ich habe nie über sie nachgedacht/ sie sind unwichtig/ Gefühl des Getrenntseins kommt hier auf/ man hat mich nie über das Offensichtliche hinaus etwas über sie gelehrt

Beschränktheit, die aus meiner Egozentriertheit kommt/ kann nicht über meine eigenen Wünsche und Bedürfnisse hinaussehen/ ich verstehe sie nicht/ das liegt außerhalb meines Verständnisbereichs/ sie sind nur zur Dekoration da

Ich gebe den Glauben auf, dass die Erde nicht verlässlich ist und dass ich ihr nicht trauen kann

Das war aber meine Realität in der Vergangenheit/ Vernichtung/ kein Verständnis für die Ursache/ ich kann nicht mit der Einheit der Schöpfung in Berührung kommen/ Angst vor dem Unbekannten

Bin gefangen in den Auswirkungen und kann sie nicht aufgeben/ unvorhersehbar/ unzuverlässig/ ich kann ihre Fähigkeit für mich zu sorgen nicht sehen/ bin gefangen in einem Muster von Unversorgtsein/ fühle mich abgeschnitten

Ich gehe über den Glauben hinaus, dass die harten Bedingungen, die ich auf der Erde antreffe, die Realität sind

Das kann ich nicht abstreiten/ Unsicherheit/ das ist meine Realität/ das ist kein Spaß/ Ungewißheit/ bin durch meine eigenen Wünsche und Bedürfnisse abgeschnitten

Kann es nicht abwarten, da auszusteigen/ ich gehe lieber nach Hause/ darf nicht mit den Erdenergien interagieren, sonst werde ich genauso dicht und schwer wie sie

Ich tilge die Angst aus, dass die Erde zerstört wird und ich mit ihr

Das ist, was jeder sagt/ ich sehe keinen anderen Weg, dieser ganzen Vergiftung Herr zu werden/ es ist Zeit, daß etwas Drastisches passiert

Es ist vorhergesagt worden, und nun ist es Zeit, daß es geschieht/ nur durch Zerstörung kann die Erde gereinigt werden/ ich werde gerettet werden, aber die anderen müssen gehen/ Angst

Ich erhebe mich über mein gegenwärtiges Verständnis und unterstütze die Erde in ihrem Reinigungsprozess

Das bedeutet Zerstörung/ ich möchte aussteigen, bevor das geschieht/ zyklisch auftauchender Effekt, der mich gefangenhält/ kann nicht sehen, wie das Einssein alles erhält

Bin hier in der Göttlichkeit meines Selbst befangen/ ich kann über die Angst, die mich darin gefangenhält, nicht hinauskommen/ Überlebensangst/ das Gegenteil wird aktiviert/ Angst vor dem Unbekannten

Der Austausch mit den Energien der Erde erfolgt in freiem Fluss

Blockierung/ Angst, mich zu vergiften/ das ist nicht wünschenswert/ das hält mich von meinem spirituellen Fortschritt ab/ Gefühl des Getrenntseins/ ich bin da, um zu helfen, aber nicht, um alles zu akzeptieren, was existiert

Kann das Evolutionsmuster nicht erkennen, das auf jeder Ebene wirksam ist/ stecke fest im Gebiet der Duldung von Andersartigem/ schwere Schwingungsmuster, von denen ich befürchte, daß sie meine Realität zerstören

Ich bin HELIOS, und ich fühle mich geehrt, dir eine Kontemplation übermitteln zu dürfen, die dir und deiner wunderschönen Erde helfen wird, die verschiedenen Seinsaspekte deiner Erde zu integrieren. Du bist ein Teil dieser Seinsaspekte, und in einer gewissen Weise bin ich das auch. Durch meine Einwirkung gebe ich Leben, belebe ich alle Potentiale, die es hier gibt. Ich habe den aufrichtigen Wunsch, daß sich der Aufwärtstrend, der begonnen hat und sich bereits positiv auswirkt, weiter fortsetzt, und ich will alles tun, was ich tun kann, um diesem Zweck zu dienen, ohne Einfluß auf die Entscheidungen zu nehmen, die die Erde selbst fällen muß. Hier treffen unsere gemeinsamen Anstrengungen zusammen, um der Erde weiterzuhelfen, sich zu erheben, denn sie ist ein Wesen von großer Stärke und Schönheit und hat vielfältige Lernerfahrungen gemacht. Ihre Energie ist ein wesentlicher Teil der Energien dieses Teils der Galaxis. Ihre Energien haben die Struktur, die für die Unterstützung des Ganzen notwendig ist, damit das Universum sich drehen kann.

Werde dir deines Körpers bewußt. Betrachte ihn als das Wesen, das Erde genannt wird, mit all ihren Aspekten. Werde dir deiner Schönheit bewußt... Sieh in deinen Adern die Flußbette der Erde. Sie liegen an der Oberfläche und tief in deinem Körper. Spüre sie mit all der Intensität, die du bei dieser Erfahrung aufbringen kannst ... Haben diese Flußbette Probleme? Wie fühlst du dich damit? Schmerzt es dich, fühlst du dich unbehaglich? Was kannst du für sie tun? Wirst du ärgerlich über den Schaden? Erkennst du, daß nicht alle Menschen, die diese Übung machen, Probleme mit ihren Flußbetten oder Adern haben? Einige werden antworten: „Ja, ich bin die Erde, und meine Flußbette sind in Ordnung." Wie ist das möglich? Meine Lieben, es ist der andere Blickwinkel, der seine individuelle Realität mit sich bringt. Es ist dieselbe Erde, doch die Wahrnehmungen sind völlig verschieden.

Laßt uns unsere Reise, die Erde zu sein, fortsetzen. Sieh, wie dein Blut als das Wasser der Erde fließt. Werde es. Ist es verschmutzt? Hat die übrige Erde wegen dieser Verschmutzung Probleme? Wie fühlst du dich deswegen? Frustriert, vielleicht hilflos? Schafft diese Verschmutzung vielleicht auch ernste Probleme in deinem feinstofflichen Körper? Ganz sicher! Was kannst du dafür tun? Da es nicht jeder so sieht wie du, denn bei einigen ist das Blut ganz klar, muß es an deiner Wahrnehmung liegen und nicht an der Realität des Ganzen. Kannst du das verstehen? Denke darüber nach. Hier dehne ich dich ein wenig. Durch diese Übung kann dein Bewußtsein viel weiter und umfassender werden. Wenn du dich gegen diesen Prozeß sperrst, dann wisse, daß du in diesem Bereich belastet bist.

Jetzt werde wieder zur Erde. Fühle all deine Knochen und setze sie mit dem Mineralreich gleich. Werde zu ihm. Wie geht es deinen Mineralien? Was geschieht, wenn die Mineralien abgebaut werden? Verstehst du, daß der Erde dasselbe passiert? Sind deine Felsen brüchig, bröckeln sie ab? Wie verletzt dich das, oder verletzt es dich gar nicht? Was bewirkt es? Fühle in deinen Emotionalkörper und überprüfe die Gefühlsreaktionen. Bist du wütend, daß deine Mineralien so behandelt werden? Was kannst du, als Erde, für sie tun? Erkennst du, daß du das Problem gar nicht mehr hast, wenn du dein Denken, deinen Blickwinkel änderst?

Genauso wie du die Bedingungen in deinem Körper veränderst, kannst du die Bedingungen auf der Erde verändern. Es ist eine Kettenreaktion. Du bist auf mehr als nur eine Art und Weise mit der Erde verbunden. Jede Krankheit, jeder Zusammenbruch zeigt sich genauso auf dem Körper der Erde. Du bist für dich verantwortlich, weil die Erde dich spiegelt. Wenn du dich selbst nicht liebst, liebst du auch die Erde nicht. Wenn du deine Wahrheit unterdrückst, unterdrückst du die Wahrheit der Erde. Wenn du glücklich bist, empfängt die Erde auch diese Schwingung. Wenn du ausgeglichen bist, wird die Erde daraus ihren Nutzen ziehen. Das meine ich mit Kettenreaktion.

Deine spirituelle Schönheit hilft, die Schwingungen der Erde hochzuheben. Wenn du mit dieser spirituellen Schönheit in Kontakt kommst, während du physisch verkörpert bist, tust du es auch für die Erde. Ihr Lieben, viele von euch tun es jetzt schon. Einige von euch haben noch nicht erkannt, daß alles, was existiert, miteinander verbunden ist.

Durch diese Wechselwirkung ist es mir möglich, dir auf einer Ebene, die du verstehen kannst, zu zeigen, wie du damit in Berührung kommen kannst. Damit hängt noch mehr zusammen, als ich es jetzt hier ausdrücke. Es ist viel komplizierter, als ich es hier beschrieben habe. Doch wenn du diese Schichten einmal verstanden hast, kann ich dir auch die tieferen erklären.

Wir wollen unsere Erfahrung als Erde fortsetzen. Setze dich jetzt mit deinen Haaren in Verbindung. Fühle sie als die Flora deiner Erde. Kannst du das schöne Laubwerk erkennen, das deinen Körper bedeckt und deine Züge sanft und rund macht? Komme mit ihm in Kontakt. Was geschieht mit dir, wenn du beobachtest, daß deine Flora zerstört wird? Was für Gefühle hast du? Bist du traurig oder unsicher? Wie wirkt sich das auf deinen ganzen Körper aus? Es hat Auswirkungen, meine Freunde, auch wenn ihr das noch nicht bemerkt habt. Die Blätter der Bäume und Pflanzen benutzen meine Sonnenstrahlen auf eine ganz bestimmte Weise, indem sie als Filter für eure Erde und so für euch wirken. Die Schwingungen, die sie ausstrahlen, sind direkt mit allem, was ist, verbunden. Dasselbe gilt für eure Haare, meine Lieben. Sie sind ein physischer und psychischer Teil eurer selbst. Erklärt euch das, warum jemand seine Haare verliert? Warum geschieht das Männern häufiger als Frauen? Sagt das etwas über ihre Ballance in der Polaritätsebene aus? Stellt euch das vor! Eure physische Struktur ist das direkte Ergebnis all der Verschiedenheiten eures Wesens. Sie spiegelt entweder eure Klarheit oder eure Unklarheit.

Und jetzt werde wieder zur Erde. Komme diesmal mit deinen Organen in Kontakt und laß sie das Königreich der Tiere sein. Leben die Tiere in Harmonie, oder gibt es eine falsche Ausrichtung, die Probleme macht? Sind einige Tiere von deiner Erde entfernt worden? Wie fühlst du dich als Erde? Bist du traurig? Kannst du diesen Verlust akzeptieren?

Nimmst du deine Funktion wieder auf? Kannst du die innere Verbindung aller Königreiche erkennen, wie eines vom anderen abhängt? Vielleicht hast du noch den idealen Status, daß alle Tiere harmonisch zusammenarbeiten. Deine individuelle Perspektive spiegelt sich auch hier in dir als Erde wider.

Ihr, als die Erde, repräsentiert das menschliche Königreich. Eure kollektiven Glaubensstrukturen wirken sich auf alle anderen Manifestationen auf der Erde und in allen anderen Königreichen aus. Du hast gerade eine intensive Begegnung mit einem Teil deiner selbst erlebt, den du lieber ignorieren willst. Es könnte notwendig sein, daß du diese letzten Seiten mehrmals durcharbeitest, um die Erkenntnisse zu erhalten, die dich in näheren Kontakt mit der Erde bringen. Du kannst diese Reise verschieden deuten. Ich habe dir einen Blickwinkel gezeigt, doch noch viel mehr ist darin verborgen und steht, wie du es ausdrücken würdest, zwischen den Zeilen. Sei mit meinen Sonnenstrahlen gesegnet, die Verständnis in die Dunkelheit bringen. Ich bin Helios und werde dich jetzt verlassen.

Kapitel 5

Spirituelles Bewußtsein

Ich bin HAMMON. Du bist mit meinen Energien vertraut. Ich bringe dir mein Verständnis davon, was spirituelles Bewußtsein für dich bedeutet, der du in der dritten Dimension lebst. Spirituell bewußt sein heißt, die kosmischen Energien zu umfassen und sie auf der Erde, im Physischen, anzuwenden. Das klingt einfach, doch für dich, der du viele Schleier vor dir hast, kann das ziemlich schwierig sein. Es ist ein Bereich, der so umfassend und tiefreichend wie das Universum ist, und vieles würde dich jetzt noch überfordern. Spirituelles Bewußtsein auf der Erde anzuwenden, ist etwas ganz anderes, als wenn man es zum Beispiel auf dem Mars oder Minerva tut. Die Schwingungsdichte auf deiner Erde wird sozusagen gereinigt, während du dein Verständnis zu vertiefen suchst. Das gleiche Wissen würde ein vollkommen anderes Ergebnis auf einer höheren Schwingungsebene hervorbringen, weil die Dichte, die die Erde hat, dort nicht vorhanden ist.

Durch dein spirituelles Bewußtsein hilfst du also auch der Erde und berührst all das, was mit der Erde verbunden ist. Die Verantwortung, die das bedeutet, ist so überwältigend für dich, daß du dir nur so viel davon zu sehen erlaubst, wie du im Moment bewältigen zu können meinst. Daran ist nichts falsch, außer daß du deinem Selbst nicht gestattest, das ganze Bild zu sehen. Das würde dir ein Verständnis vermitteln, das weit über das hinausgeht, was du bisher erfahren hast. Es ist diese Art der Verantwortung, von der Vywamus im zweiten Kapitel sprach.

Alles, was dir bis jetzt in diesem Buch gegeben wurde, bereitet dich für ein klareres Verständnis deiner Spiritualität vor. Darüber zu sprechen, wird dir nicht das gewünschte Ergebnis bringen. Die Methoden anzuwenden, eure Gewohnheiten zu ändern, euch zu erlauben, Gedanken zu erwägen, von denen ihr noch nie etwas gehört habt und sie auch anzuwenden, das wird euch weiterbringen, meine Brüder und Schwestern des Lichtes! Ihr seid sehr mutig, und ich grüße euch. Ich möchte euch ermutigen, euch in unbekanntes Gebiet vorzuwagen, denn das wird das Verständis bringen, das ihr euch so sehr wünscht.

Wisse, daß deine Erde genauso spirituell ist wie du und ich. Du interagierst mit ihrem physischen und mit ihrem spirituellen Körper. Aber du nimmst nur ihr physisches Wesen wahr, das dir ziemlich dicht erscheint, weil du von höheren Dimensionen kommst und dich dieser Schwingungen sehr gut erinnerst. Deine fast ununterbrochene Suche, die du mit Dingen deines täglichen Lebens verbindest, ist in Wirklichkeit eine Suche nach deinem höheren Selbst, nach deiner Monade. Du suchst nach einem Partner, der dein Leben teilt. Nachdem du diesen Partner gefunden hast und du einige Zeit mit seiner Erforschung verbracht hast, fühlst du dich wieder unzufrieden und weißt nicht, warum. Du suchst nach einem Platz, wo du leben kannst, und nachdem du ihn gefunden hast, erforschst du deine Umgebung und du liebst sie wirklich, aber du bist nicht zufrieden und weißt nicht, warum. Du gehst aus und verschwendest Geld, das du nicht hast, für Kleider, ein Auto und was immer dir deine Laune eingibt und hoffst, daß dich das zufriedenstellt. Doch bald schon ist wieder dieses Gefühl der Unzufriedenheit da.

Du läßt dich durch die Welt treiben auf der Suche nach einem Seelenfreund. Sicher, du wirst dadurch vom Gefühl der Ruhelosigkeit befreit, dem Gefühl des Verloren- und nicht Verstandenseins. Doch, nachdem du denkst, du hättest diesen Gefährten gefunden, und ihr zusammen durch euren Alltag geht, bist du wieder ernüchtert und weißt nicht, warum. Du bist immer noch auf der Suche nach deiner Monade und weißt es nicht. Du gibst den anderen die Schuld an diesem Mangel an Vollkommenheit, dem Mangel an Sicherheit und hältst sie für unfähig, dich zu verstehen. Wie oft habt ihr diesen Satz gehört: „Aber du gibst mir nicht, was ich brauche?" Es ist ein Satz, der eine große Wahrheit ausdrückt. Aber wie kannst du von einem anderen Menschen erwarten, daß er dir dein höheres Selbst gibt? Du mußt es selbst finden, indem du nach innen gehst, und das ist genau das, was du bisher vermieden hast.

Spirituelles Bewußtsein klopft an deine Tür, und du weißt es nicht. Deine Monade ist dein wirkliches Zuhause, und du sehnst dich danach. Als ein göttlicher Funke kamst du aus dem Alleinen. Dieser göttliche Funke wird auch Monade genannt. Deine Zellstruktur trägt die Erinnerung an diesen vollkommenen Zustand in sich, und du suchst schon Ewigkeiten danach. Es ist diese Neugierde, die dich dazu treibt, vorwärtszugehen, zu forschen, dich hinzugeben, ja, dich kreuzigen zu lassen, wenn es sein muß. Deine Neugierde, diese unablässige Bedingung für dein Vorwärtskommen, macht dich suchen, um vielleicht diesen vollkommenen Zustand zu finden, an den du dich so sehr erinnerst. Höre auf, diese Vollkommenheit in anderen zu suchen, denn solange du deine eigene nicht gefunden hast, kannst du sie nicht in anderen sehen, selbst, wenn sie gegenwärtig ist, und ganz sicher ist sie gegenwärtig. Der Glaube, daß du diesen vollkommenen Zustand des Seins verloren hast, läßt das für dich zur Realität werden, und du stolperst und fällst und stehst wieder auf und stolperst und fällst wieder, während du dieser Vollkommenheit nachjagst. Doch, mein Freund, du suchst außerhalb von dir selbst! Du bist wie eine Maus, die in der Falle sitzt und nach einem Loch sucht, um zu entwischen. Du wirst jeden xbeliebigen Durchgang wählen, der sich dir bietet, nur um zu vermeiden, dir selbst zu begegnen. Es ist jetzt Zeit, mit dem Davonrennen aufzuhören und dir selbst gegenüberzutreten. Das ist keine fröhliche Aufgabe für dich, weil du damit konfrontiert wirst, die Verantwortung für das zu übernehmen, was du bist und was du erschaffen hast. Einige unter euch mögen es die Hölle nennen. Ich nenne es eine Gelegenheit, dich zu klären und mit deinem höheren Selbst zu verbinden, während du auf der Erde in deiner physischen Struktur bist. Und das ist ein lohnendes Ziel, ihr Lieben!

In eurer Vergangenheit ist euch gesagt worden, daß das nicht möglich sei, ja, vielmehr ein Sakrileg, diesen Zustand erreichen zu wollen. Euch wurde gesagt, daß ihr minderwertig und kein Teil von Gott wäret. Ihr habt zu einem Gott gebetet, der außerhalb eurer selbst ist; einem Gott, der euch verdammt und der euch bestraft. Zu einem Gott, der euch in die Hölle wirft. Das nahm euch aber auch die Verantwortung für eure Handlungen ab, und so wart ihr gewillt, diese Belehrung zu eurer Wahrheit zu machen. Es ist notwendig, dich von diesen falschen Überzeugungen freizumachen, um dein höheres Selbst zu finden, das alle Liebe und Sicherheit in sich birgt, alle Nahrung und Vollkommenheit, nach der du dich so sehnst.

Durch deinen Reinigungsprozeß und die Aufgabe alter Gewohnheiten änderst du deine Molekularstruktur. Das bedeutet, daß deine Schwingung beschleunigt wird und sich der Geschwindigkeit deiner Seelenschwingung nähert. Wenn du diese Schwingungsfrequenz aufrechterhalten kannst, wirst du dazu fähig sein, dein Seelenlicht in deiner physischen Struktur zu gebrauchen. Das will nicht heißen, daß du sofort Zugang zu deinem gesamten Seelenwissen hast. Es heißt aber, daß du Zugang hast. Je höher deine Schwingung, desto mehr wird dir von deinem Seelenwissen zugänglich. Dieser Zustand verändert sich mit den unterschiedlichen Schwingungen und den vielen Facetten des täglichen Lebens.

Durch die Einwirkungen deiner Seele wirst du fähig sein, mit mehr Klarheit den Weg vor dir zu sehen. Du wirst Gedanken verstehen, die du vorher nicht begreifen konntest. Das Leben auf der Erde wird freier für dich fließen. Auf einmal wirst du das Gefühl der Sicherheit haben, das Genährtwerden, nach dem du dich so sehnst. Und wenn du denkst, daß du es endlich hast, wird es wieder gehen, und du wirst trauern und nicht verstehen, was geschah, warum du es wieder verloren hast. Du bewegst dich in eine neue Schicht der Bewußtseinsbildung. Du steigst einen Grad höher und alles ist oder scheint schwierig zu sein. Während du lernst und untersuchst und dein Bestes gibst, erreichst du wieder dieses Stadium, wo du klarer sehen kannst und das Leben wieder weicher fließt. Und wieder hast du das Gefühl der Einheit, das Gefühl, ganz zu sein. Und dann, eines Morgens, wachst du auf und verstehst die Welt um dich herum nicht mehr. Dieses Mal, dachtest du, wirst du ganz sicher die Klarheit beibehalten, die dir so viel Sicherheit gab und das Gefühl, daß du endlich gelernt hast, worum es geht.

Wieder hast du eine Stufe erklommen. Jauchze, anstatt dich dem Gefühl des Verlustes hinzugeben. Vertraue einfach, daß du dich von allen Schichten befreien wirst, die sich in deiner Vergangenheit angesammelt haben. Jede gebundene Energie, die freigelassen wird, bildet einen Teil der Gesamtheit deiner schöpferischen Energie, die dir von der QUELLE mitgegeben wurde, als du als Monade aus ihr hervorkamst. Du kannst diese Energie jetzt wieder gebrauchen. Dieses Mal hoffentlich in einer angemesseneren Weise. Es ist diese blockierte Energie, die deinen Körper dicht und schwer macht und ihn auf einer niedrigen Schwingungsebene hält. Je mehr du Zugang zu deinen freien Energien hast, desto leichter wird es sein, das zu integrieren, was neu für dich ist, das, was du noch nicht völlig verstanden hast. Es ist eine direkte Reflexion des Zugangs zu deiner Göttlichkeit.

Alles ist göttlich. Aber warum töten dann einige Menschen andere und entkommen? Zuerst einmal entkommen sie nicht. Es gibt ein kosmisches Gesetz von Ursache und Wirkung, das nicht umgangen werden kann. Doch sind sie göttlich und verlieren ihre Göttlichkeit nicht durch diese Handlungsweise. Während sie diese Erfahrung machen, testen sie die Göttlichkeit, erforschen sie. Sie haben freien Willen. Früher oder später werden sie über dieses Stadium hinausgehen in einen klareren Gebrauch ihrer Göttlichkeit. Durch den freien Willen hast du Zugang zu so viel oder so wenig deiner Göttlichkeit, wie du wählst. Das ist Evolution. Sie bleibt niemals stehen. Sie bewegt sich vorwärts. Du wählst vielleicht nicht immer den direkten Weg und bevorzugst vielleicht eine Zeitlang Seitenwege, aber das ist in Ordnung. Verurteile weder dich noch andere. Erlaube ihnen, den Weg zu finden, der sie vorwärts bringt.

Als du das erste Mal auf die Erde kamst, hast du Urteile gefällt, die besagten, daß die Erde kein spiritueller Platz sei. Diese Urteile entstanden aus dem Vergleich der Erde mit deinem Heimatplaneten, der in einer höheren Dimension und somit auf der Basis des Liebes-Prinzips funktionierte. Diese Urteile mußt du loslassen, um zu leben und dich in deiner physischen Existenz spirituell zu fühlen. Es sind diese Urteile, die dich annehmen lassen, daß du zu deiner Spiritualität nur dann Zugang hast, wenn du die Erdschwingungen ablehnst. Spiritualität spiegelt sich in deinem physischen Leben. Es hat einen Spiegel-Effekt, mit dem du täglich konfrontiert bist. Wenn du auf der physischen Ebene an Verständnis gewinnst, wird das in deinem spirituellen Selbst reflektiert.

Warum müssen einige von euch in einem bestimmten Gebiet so hart kämpfen, während es andere mit vollen Segeln durchkreuzen? Zuerst einmal, vielleicht hast du eine Vereinbarung mit der Erde, dieses Energiemuster für sie zu klären, dieses Gebiet, was noch nicht ganz verstanden wurde und nicht integriert ist. Dadurch, daß du selbst darinnen feststeckst, wirst du dein Bestes tun, um dich hindurchzukämpfen und ein klareres Bild zu gewinnen. Dadurch bist du direkt mit dem gleichen Energiemuster der Erde verbunden, und indem du dich selbst klärst, klärst du auch die Erde von diesen Schwingungen. Jeder von euch hat sich in den Dienst der Klärung der Erde oder anderer gestellt. Wenn du durch so eine Klärung gehst und das Gefühl hast, daß du nicht vorwärtskommst und es kein Ende nimmt mit den falschen Überzeugungen, dann erinnere dich, daß du dich vielleicht mitten in deinem Dienst an der Erde befindest.

Die Toleranz, das Gewähren sind sehr wichtig für deinen spirituellen Fortschritt auf der Erde. Wenn du es dir erlaubst, in unbekanntes Gebiet vorzustoßen, wirst du mit vielem konfrontiert werden, was dich von deinem Ziel abbringen will. Kannst du diese falschen Konzepte aufgeben, werden sich dir neue Möglichkeiten erschließen, die aufregend sind, dich ausweiten und dem kosmischen Wissen näherbringen. Du wirst fähig sein, Kanäle zu öffnen, um zu diesem kosmischen Wissen zu gelangen. Diese Kanäle werden es dir leichter machen, mit deiner inneren Vision zu sehen oder deinem Dritten Auge, wie du es nennst. Du wirst der anderen Dimensionen gewahr, du wirst unserer gewahr, deiner spirituellen Lehrer. Du wirst fähig sein, mit uns durch deinen Kanal Verbindung aufzunehmen. Du wirst die Freiheit erfahren, von der du uns immer reden hörst. Du wirst fähig sein, andere Planeten zu besuchen und dir dessen bewußt zu sein. Und du wirst es deinen Mitmenschen erlauben können, bei ihrer Wahrheit zu bleiben, ohne diese Wahrheit angreifen zu müssen, weil sie sich von deiner unterscheidet.

Fürchte nicht, was dir unbekannt ist. Nimm es an und arbeite damit. Laß es durch deinen Körper fließen und sieh, ob du es akzeptieren kannst. Wenn nicht, verurteile es nicht, sondern stelle es beiseite und nimm es später wieder zur Hand, wenn du vielleicht gewachsen bist oder mehr Klarheit gewonnen hast. Übe dich im Gewähren, denn das ist ein aktiver Bestandteil deiner Spiritualität. Dieser Aspekt von dir ist nicht etwas, was unwirklich ist, das nicht erreicht werden kann oder wonach du dich nur sehnen kannst, etwas, das auf der Erde nicht verfügbar ist. Du wirst es vielleicht noch nicht sehen, aber es ist da, rund um dich gespiegelt. Schau dir an, was dir zurückgespiegelt wird. Ist es Enttäuschung, Furcht, Verlust, Verwundbarkeit, Armut? Du kannst diese Schöpfungen deiner Vergangenheit loslassen und das erschaffen, was zu deinem höheren Selbst gehört, wie Liebe, Wohlergehen auf allen Ebenen und Schönheit.

Schönheit ist Teil der Essenz deiner Seele. Warum sie verbergen? Warum sie negieren? Warum sie absichtlich vermeiden? Schönheit hat eine hohe Schwingung, die wie einc Zugangsstraße in Bereiche wirkt, die dir manchmal versperrt sind. Du hast vielleicht schon sagen hören: „Sie/ er bekam das, weil sie/ er schön ist." Wie wahr! Aber du siehst es von einem negativen Gesichtspunkt aus. Was dabei aber wirklich stattfindet, ist folgendes: Durch die Schönheit, die ein Mensch ausstrahlt, zerschmelzen gewisse Widerstandskanäle buchstäblich, und die Empfangenden erfahren eine Belebung durch sie. Es kann eine Blume sein, die den gleichen Effekt hat. Männer sind sich der Vorgänge nicht bewußt, die das Herz einer Frau erweichen, wenn sie einen Strauß schöner Blumen geschenkt bekommt. Es ist dasselbe, was ich gerade beschrieben habe. Ich lade euch alle ein, mehr Gebrauch von Blumen zu machen!

Es gab eine Zeit auf der Erde, in der man Schönheit ablehnte, weil sie nicht spirituell sei. Schönheit, so wurde gesagt, lenkt dich vom rechten Wege ab, läßt dich deinen spirituellen Weg verlieren. Wie kann eine Essenz deiner Seele dich irreführen? Viele religiöse Orden haben sich jeder Art von Schönheit entledigt, um mehr Aufmerksamkeit auf das zu lenken, was sie für spirituell hielten. Diese Überzeugungen sind tief in vielen von euch verwurzelt. Du hast Interesse an deiner Umgebung verloren, weil du deine ganze Aufmerksamkeit auf deinen spirituellen Weg richtest. Aber wen anderes als dich selbst führst du hinters Licht? Was du nach außen reflektierst, ist dein inneres Chaos. Warum hast du so Angst davor, dich schön zu machen? Es liegt nichts Falsches darin, innere und äußere Schönheit zu entfalten. Beide sind eine Reflexion voneinander. Es gibt keine wahre physische Schönheit, die nicht die innere Schönheit reflektiert. Von wahrer Schönheit wirst du nicht müde. Jeden Tag eröffnen sich dir andere Aspekte, die täglich schöner werden. Es ist so, als ob man ein gutes Kunstwerk betrachtet. Ganz gleich, was es ist und wie lange es auf dich einwirkt, du wirst es niemals müde. Es wird dich jeden Tag auf eine neue Weise anregen.

Du warst im Innern dieser alten schönen Kirchen, die viele von euch verdammen wegen ihrer Zurschaustellung von Reichtum. Versuche es noch einmal. Gehe hinein, setze dich hin und lasse ganz bewußt die Schönheit des Stuckes, der bemalten Fenster, der Malereien in Gold und anderen Farben, des architektonischen Stiles auf dein Wesen einwirken. Trinke diese Darbietung von Schönheit in dich hinein! Erlaube dir, dich an dem, was du siehst, ohne Urteil zu erfreuen.

Schönheit regt dich an, erhöht deinen Puls, macht dein Herz lachen, erhellt dein Wesen, bringt dich mit der Essenz deiner Seele in Berührung. Sie ist Teil deines spirituellen

Erbes. Alle Teile des Universums sind wahrlich schön. Die Farben auf den inneren Ebenen offenbaren intensive Freude, die die Schönheit des Einsseins reflektiert. Warum nicht in diesen Teil deines Selbstes eintreten? Nur die Schönheit birgt die Bereitschaft, das zu akzeptieren, es dir zu eigen zu machen. Sie ist nicht an Geld gebunden, sie unterliegt deiner freien Wahl, das auszusuchen, was dir gefällt. Lasse los, was dich blockiert, diesen Aspekt deines Selbst zu akzeptieren. Entferne diese falschen Überzeugungen deiner Vergangenheit, die dir das Gegenteil einreden.

Ein anderer Aspekt von Spiritualität ist Wohlstand. Wohlstand ist der natürliche Zustand des Kosmos und eurer Erde. Wohlstand und Überfluß gehen Hand in Hand. Wohlstand führt zu Überfluß. Kannst du den Überfluß der Natur um dich herum sehen? Warum nimmst du an, daß du zu Armut verdammt bist? Da du dein eigener Schöpfer bist, entbinde dich von deinen Schöpfungen der Vergangenheit. Unter dem Einfluß anderer hast du das Glaubensmuster übernommen, daß dich Überfluß vom spirituellen Weg abhält, den du unbewußt gesucht hast, seit du deine Erderfahrung antratest. Du hast ein Leben nach dem anderen mit der Wiederholung dieses Glaubensmusters verbracht, das dir ein Gefühl der Minderwertigkeit vermittelte und dich verwirrte und einschränkte. Denn jene, die von dir verlangten, alles aufzugeben, was Freude macht, Überfluß, Glück und Schönheit bringt, gaben sich selbst diesen Dingen ungehemmt hin. So nahmst du an, daß du minderwertig bist, sonst hättest du wohl auch das Recht, dich dieser Schätze zu erfreuen, ohne von deinem spirituellen Wege abzukommen.

Diese Fehleinschätzung kannst du aufgeben. Du bist ein gleichwertiger Teil des Ganzen. Du hast gleiche Rechte auf den Überfluß des Universums. Schönheit, Freude, Überfluß sind ein aktiver Bestandteil deines spirituellen Weges. Wenn du sie ablehnst, lehnst du deine spirituelle Reise ab.

Wie bei jedem Aspekt deines Lebens ist Ausgewogenheit auch hier nötig. Du kannst niemals zu viel Schönheit, zu viel Überfluß, zu viel Freude haben. Aber was tust du damit? Hältst du dich dafür verantwortlich? Weißt du es zusammen mit Liebe zu gebrauchen anstatt mit Macht?

Im Massenbewußtsein sind viele Fehlinterpretationen hinsichtlich des Wohlstandes enthalten, der einen Aspekt des Überflusses darstellt. Es wurde gesagt, daß Wohlstand die Seele korrumpiert. Wenn Wohlstand bewußt gelebt wird, wie alles andere auch, stellt er eine große Hilfe für die schöpferischen Möglichkeiten dar und kann eine bereichernde Seelenerfahrung sein.

Was ist nun mit all den armen Nationen und jenen reichen mächtigen Staaten? Ist das nicht ungerecht? Wenn du das Prinzip ‚Freiheit der Wahl' verstehst und wirklich begreifst, daß du dein ganzes Leben selber erschaffst, und hier möchte ich betonen, dein ganzes Leben und nicht nur die gute Seite davon, dann weißt du, daß sich jene Staaten, die Hunger erleiden, als kollektives Bewußtsein diese Erfahrung bewußt oder unbewußt gewählt haben. Die ganze Hilfe der Welt wird nicht in der Lage sein, diese Erfahrung zu ändern, wie du selbst herausgefunden hast. Die Menschen, die in der Dritten Welt leben, sind freie Seelen und haben es gewählt, in genau diesem Teil der Erde zu inkarnieren, den sie jetzt erleben. In eurer Vergangenheit habt ihr alle ähnliche Erfahrungen gewählt. Ihr, die ihr im Westen geboren seid und euch nach östlicher Philosophie und dem östlichen Lebensstil der Zurückgezogenheit und Armut sehnt, müßt wissen, daß ihr ein vergangenes Leben nachspielt. All euer Sehnen nach einem Leben der Einsamkeit und Armut, andere um Unterstützung bitten, keine Verantwortung für eure Handlungen übernehmen wollen, sind Glaubensmuster der Vergangenheit, die euch damals angemessen waren.

Ihr habt aber gewählt, in einer westlichen Gesellschaft

wiedergeboren zu werden, um eine neue Erfahrung zu machen. In gewisser Beziehung ist es ein schwierigerer und fortgeschrittenerer Erfahrungsweg: denn zu meditieren und im Gleichgewicht zu bleiben mit schreienden kleinen Kindern um euch her, die eurer Aufmerksamkeit bedürfen, ist viel schwieriger, als abgeschlossen in einem Kloster zu leben. In einer westlichen Gesellschaft zu leben ist nicht eine Erfahrung der Einsamkeit, sondern des Teilens, der Anteilnahme an euren Mitmenschen. Und um das geht es im kommenden Neuen Zeitalter.

Wenn du gewählt hast, dieses Leben in Armut zu beginnen und durch die Umstände belehrt wirst, daß du sie selbst geschaffen hast, kannst du die Situation bewußt ändern. Was du zuerst tun mußt, ist folgendes: Du mußt den starken Wunsch verspüren, das zu ändern, was du wahrnimmst. In deinem Fall ist das Armut. Dein Wunsch ist deine schöpferische Kraft. Dann lasse alle Fehlinterpretationen der Vergangenheit los, die dich von der Erreichung deines Ziels abhalten. Tief in dir selbst liegt der Glaube vergraben, daß du minderwertig bist, daß Geld dich zerstören wird, daß du durch Geld feste Freundschaften verlieren wirst, daß du dich spirituell nicht entwickelst, wenn du nicht im Rahmen des bloßen Überlebens bleibst, daß du leiden und bereuen mußt für falsche Handlungsweisen in der Vergangenheit oder daß dir die Verantwortung von Reichen zu groß erscheint. Es gibt noch viele andere solcher Glaubensmuster, die dir nicht erlauben, anzunehmen, was rechtmäßig dein ist.

Der nächste Schritt ist, dir zu erlauben, die Einschränkungen und Gewohnheiten loszulassen, die dich in einem gewissen Lebensstil festhielten. Sei bereit und flexibel, eine Art von Arbeit zu akzeptieren, die du noch nie vorher getan hast oder die „unter deinem Niveau" ist. Das ist die Reaktion deines Ego, das deine Bemühungen hintertreibt, dich wieder auf deine Füße zu stellen. Wisse, daß du das Beste verdienst.

Wisse, daß du einen neuen Lebensstil erschaffen kannst. Wisse, das du es schaffen wirst. Bete um Hilfe. Rufe Hilfe an, aber wisse, daß du selbst die Aufgabe vollbringen mußt, wohlhabend zu werden. Kein anderer wird es für dich tun. Fange die Gedanken ab, die dein Ziel verneinen, und entledige dich ihrer jedes Mal mit Hilfe des *pattern-removal*-Systems, wenn sie in deinem Bewußtsein auftauchen. Fange jene „Ich kann es mir nicht leisten"-Sätze ab, denn sie erschaffen dein Verharren in der Armut. Affirmationen allein werden es nicht tun. Suche nach jenen verborgenen Glaubensmustern, die dir einreden, daß du arm sein mußt. Hege keinen Neid gegenüber jenen, die Überfluß schon demonstrieren können. Lasse Neid, Eifersucht und Verneinungen überall los. Ich weiß, ihr Lieben, das sind keine leichten Aufgaben für euch. Es ist harte Arbeit, wie ihr es nennt. Aber auch das ist ein falsches Glaubensmuster. Es muß nicht hart sein. Du bist Göttlichkeit, die sich auf der physischen Ebene manifestiert, und als solche hast du Zugang zu dem reichlichen Fluß, zu dem jeder Zutritt hat.

Machen wir eine Meditation, eine Visualisierung, um dein Unterbewußtsein zu beeindrucken, um die Blockierungen, die den freien Fluß in diesem Bereich behindern, aufzulösen. Sieh dein Selbst als goldenen Schwamm, der von Wasser umgeben ist. Dieser Schwamm ist lebendig, er bewegt sich im Wasser in einer freifließenden Weise. Fühle diesen freien Fluß ... Werde zu diesem Fließen ... Gehe in die Freude dieses freien Flusses ... Gut. Jetzt wirst du goldener Schwamm fest. Das Wasser, deine spirituelle Essenz, umgibt dich noch. Versuche dich im Wasser zu bewegen. Stellst du den Unterschied fest? Bringe jetzt ein Dreieck über den Schwamm. Mache es breit genug, um es dem ganzen Schwamm anzupassen. Fülle dieses Dreieck mit Violett und fühle, was mit dir passiert. Sieh jetzt, wie Blasen aus der Oberfläche des goldenen Schwammes herauskommen. Das sind die falschen Glaubensmuster, die du jetzt losläßt. Diese Luftblasen erscheinen an der Oberfläche des Wassers und zerplatzen ins Nichts. Die Energie, die in dieser Blase festgebunden war, wird wieder frei. Investiere so viel Zeit, wie es diese Meditation verlangt. Das wird Ergebnisse zeitigen.

Um diesen Bereich, der mit falschen Glaubensmustern fest verstrickt ist, zu öffnen, wird dir Vywamus einige Muster geben, die ein paar von den Schichten gebundener Energie abtragen, die auch deine schöpferischen Fähigkeiten behindern. Einige von euch erfahren das als ein Festgefahrensein, als die Unfähigkeit, sich aus dieser Lage zu befreien. Du empfindest dich als abgeschnitten von Ideen, die eine Änderung herbeiführen könnten.

ICH ÜBERWINDE DAS GEFÜHL VON FESTGEFAHRENSEIN IN MEINER KREATIVITÄT

Habe hier keine Wahl/ bin in meiner Kreativität festgefahren/ sehe keinen Ausweg/ fühle mich hilflos/ hoffnungslos/ Verständnissperre In der Falle meiner eigenen Fehlinterpretation, die mich an meine Vergangenheit fesselt/ meine Vergangenheit verherrlicht/ festgefahren/ Frustration/ in Stagnation resignierend

ICH LASSE DAS GLAUBENSMUSTER LOS, ARMUT WÄRE MEIN WEG ZUR ERLÖSUNG

Festgefahren in vergangenen Indoktrinationen/ da muß etwas dran sein/ gefangen in meinen vergangenen Erfahrungen/ kann es nicht tun/ brauche es nicht zu versuchen/ Wertvorstellung klingt hier an/ verdammt, ewig Das ist meine Realität/ das wurde mir so gesagt, und ich glaube es/ darf diese Chance nicht verpassen/ verwickelt in meinen falschen Glaubensmustern/ gefangen in Mustern meiner Vergangenheit/ kein Ausweg/ Märty-

zu leiden/ mache es für andere/ mache es für den Planeten/ Ich-Armer-Syndrom.

rer-Syndrom ist aktiviert/ ich bin zu unbedeutend, um zu bitten/ von der QUELLE vergessen/ Verlust

Ich überwinde die Indoktrinationen meiner Vergangenheit, die mich in meiner gegenwärtigen Erfahrung an Armut gebunden halten

Sehe nicht, wie ich das, was ich in meiner Vergangenheit erschaffen habe, auflösen kann/ meinen Verhaltensmustern entsprechende Antworten/ sehe keinen Weg, die Unklarheit, die ich in diesem Bereich habe, zu entfernen

Kann mich nicht von der fehlgeleiteten Überzeugung befreien/ habe keine freie Wahl/ muß mich vom Überfluß distanzieren, um das Gesicht zu wahren/ Ärger/ fühle mich abgeschnitten von meiner Seelenverbindung

Ich löse mich von diesen fesselnden Verhaltensmustern, die mich begrenzen

Schwierig/ weiß nicht, wie/ Problematik im Bereich der Kreativität, was mich automatisch von meinem Überfluß abschneidet/ es ist gefangengehalten und in einem festgehaltenen Muster/ muß warten, bis es geschehen ist

Frustration/ Ärger/ Leid/ Schmerz/ kann meinem Selbst nicht erlauben, anzunehmen/ verdiene es nicht/ das klappt bei anderen, bei mir nicht/ das ist mein Dienst für das Ganze/ Fehlinterpretation, was Göttlichkeit bedeutet und wie sie funktioniert

Ich erlaube meinem Selbst, die Barrikade zu überwinden, die ich ihm aufgebaut habe, um sich zu entwickeln

Kann es nicht tun/ schwie-

Das könnte der falsche Weg

rig/ blockiert/ ich bin irregeführt/ kann nicht sehen, wohin mich das führt/ Trennung/ Entfremdung

sein/ kann nicht vertrauen/ bleibe besser bei meiner alten Verhaltensweise/ fühle mich in meinen göttlichen Fähigkeiten unsicher

ICH LASSE DAS ‚ICH-ARMER-SYNDROM' IN MEINEM WOHLSTANDSBEREICH LOS

Sehe keinen Weg, es zu vermeiden/ fühle mich darin gefangengehalten/ keine freie Wahl/ andere haben es leichter als ich/ ich bin nicht gerecht behandelt/ ich bin mir dessen nicht bewußt

Verlust meines Selbstes, wenn ich das tue/ bin ewig hier festgehalten/ ich bin der Sündenbock dieses Planeten/ das ist mein Dienst für das Ganze

ICH ENTFERNE DIE BLOCKIERUNG AUS MEINEN VERGANGENEN KLOSTERLEBEN

Bin zu sehr mit meiner Unklarheit verwurzelt/ ich bin überschwemmt von der Indoktrination meiner Vergangenheit/ kann nicht über meine Begrenzung hinausgehen/ habe kein Recht auf Wohlstand/ werde meine Freunde verlieren, wenn ich reich werde

Bin von meinem Willen abgeschnitten/ erleide Gehirnwäsche/ kein Ausweg/ habe mir diese Doktrin zu eigen gemacht/ freie Wahl ist unmöglich/ Minderwertigkeit/ Furcht, überwältigt zu sein durch physisches Wohlergehen

ICH ERKENNE, DASS WOHLERGEHEN SPIRITUALITÄT IST, UND ICH ERLAUBE MEINEM SELBST, DARAN TEILZUHABEN

Das wird mich irreführen/ Furcht vor Unbekanntem/ Verwirrung/ ich bin ok, so-

Das ist nicht das gleiche/ Trennung ist aktiviert/ muß die Reichen ablehnen, um

lange ich überhaupt überleben kann/ Überlebenshabitus ist aktiviert/ Furcht, überlistet zu sein/ die QUELLE testet mich, und ich darf nicht scheitern

mich zu entwickeln/ Furcht, meinen Weg zu verlieren/ es ist mir nicht erlaubt, loszulassen

ICH LASSE DIE SELBSTVERNEINUNGS-HALTUNG LOS, DIE JETZT AKTIV IST UND MICH VON MEINEM WOHLERGEHENSSTROM ABSCHNEIDET

Weiß nicht, wie/ fühle mich hilflos/ habe keine freie Wahl/ bin von der Verbindung abgeschnitten/ muß geduldig sein/ hoffen und warten/ darf nicht entmutigt sein

Frustriert/ ich versuche es und scheitere/ habe aufgegeben/ resigniert/ Gott wird mir alles, was ich brauche, geben, ich muß nur vertrauen/ er erschafft mein Leben, wenn ich vertrauensvoll warte

ICH LÖSE MICH VON MEINEM SELBSTBESTRAFUNGS-HABITUS, DER AUTOMATISCH AUFTRITT UND MICH VOM ÜBERLEBEN ABSCHNEIDET

Brauche mich nicht zu sorgen/ andere werden mich retten, wenn es zu schlimm kommt/ muß mich selbst bestrafen, um für meine Vergangenheit zu büßen/ Unklarheit/ Selbstverneinung/ zu viel Mühe

Trage keine Verantwortung für mein eigenes Leben/ Fehlinterpretation meiner kreativen Kraft, die mich eher resignierend macht als aktiv

ICH LASSE MEINER FÄHIGKEIT, EIN LEBEN IN SCHÖNHEIT, ÜBERFLUSS UND GLÜCKLICHSEIN ZU ERSCHAFFEN, FREIEN LAUF

Zu schwierig/ weiß nicht,

Möchte es, aber es klappt

wie/ entmutigt/ verwirrt, resigniert/ kann es nicht glauben/ klingt zu gut, um wahr zu sein/ Überlebenshabitus ist aktiviert, und ein Entkommen ist hier nicht möglich

nicht/ das ist für andere, ich muß davon Abstand nehmen/ blockiert in meinen falschen Glaubensmustern der Vergangenheit, die alle Schönheiten der physischen Existenz ausmerzen

Dieser Bereich ist sehr tief in deinem Unterbewußtsein verankert, und es muß mehr getan werden, wenn sich kein Ergebnis zeigt. Dem Selbst zu erlauben, zu empfangen, müßte auch in Betracht gezogen werden. Gib nicht auf, wenn du in dieser Angelegenheit klar sehen möchtest, und fahre fort, bis du Ergebnisse siehst. Göttlichkeit fordert weder Bestrafung noch Armut oder irgendeine Begrenzung. Göttlichkeit ist Liebe, bedingungslose Liebe. Ist deine Wahrnehmung auf diesem Gebiet getrübt, blase die Wolken fort, bis du des reinen Sonnenscheins gewahr wirst, der deine physische Existenz erhellt. Das erlaubt es dir, mit der Freiheit, der Unterstützung und der Nahrung deines göttlichen Selbstes in Kontakt zu kommen. Und, ihr Lieben, niemand kann euch das nehmen! Keine Verlust-Erfahrungen sind mehr nötig. Ich, Hammon, grüße euch in eurer Göttlichkeit, von der ich ein Teil bin. Laßt meine Unterstützung durch euch hindurch in die ganze Schöpfung fließen. Ich danke euch, daß ihr mir erlaubt habt, auf diese Weise mit euch zu kommunizieren.

Kapitel 6

Wie du deinen „Kanal" gebrauchst, um dich zu heilen

Ich bin CANTOR, und ich sende meine Energien bis zu euch, den Menschen der Erde, die im Mittelpunkt eures Universums steht. Die meisten von euch haben in so vielen Teilen eures Universums und in anderen Erfahrungen gesammelt, daß euch ein breites Spektrum an Erfahrungen in vielen Dimensionen und auf vielen Ebenen zur Verfügung steht. Es liegt an euch, euch diese Erfahrungen zugänglich zu machen, und das Mittel dazu ist euer „Kanal".

Ihr könnt euren Kanal mit einem Organ vergleichen, das viele von euch lange Zeit nicht benützt haben. Es ging unter im Trümmerhaufen all eurer falschen Überzeugungen, die ihr im Laufe eurer verschiedenen Leben gewonnen habt. Diese Netze können entfernt werden, euer Kanal kann aktiviert, angeregt und wieder benützt werden, um euch bei eurem Heilungsprozeß zu helfen.

Du nimmst durch dein Kronen-Chakra, deine spirituelle Verbindung, Kontakt mit deinem Kanal auf. Diese Verbindung durchläuft viele verschiedene Bewußseinsebenen, von den verschiedenen Schichten der Astralebene bis zu denen im spirituellen Bereich. Ich würde dir empfehlen, immer nach der höchsten Ebene zu streben. Das wird dir den Zugang zu Informationen ermöglichen, die dich die höchsten Prinzipien spirituellen Lebens lehren und dich mit den kosmischen Gesetzen vertraut machen, die unwandelbar sind, die sich nicht ändern lassen, die sind und immer sein werden.

Es gibt verschiedene Mittel, den Kanal zu öffnen. Du, der du aus deiner Intuition heraus handelst, benutzt schon einen Aspekt von ihm, ohne es zu wissen. Die folgenden Übungen werden dir zusätzlich helfen. Werde dir deines Kronen-Chakras bewußt. Fühle die Energien, die jetzt durch deine Aufmerksamkeit aktiviert werden. Konzentriere dich für einen Augenblick darauf. Benütze jetzt deine Stimme, um ein tiefes Brummen ertönen zu lassen, das in deiner Brust widerhallt, bis du es wie Wellen deine physische Struktur durchlaufen fühlst. Diese Energiewellen, die du erschaffst, räumen alte Spinnweben, die rund um und in deinem Kanal kleben, aus. Diese tiefe Oktave entfernt eine spezifische Energieform, die in deinem Kanal steckengeblieben ist. Um die anderen Energieblockaden zu aktivieren, lasse deine Stimme so hoch wie möglich ertönen. Lasse sie immer wie ein Echo in deinem Körper widerhallen und berühre so viele Oktaven wie möglich und gib Kraft in deine Stimme. Mache dies, so laut du kannst. Dann ruhe eine Weile und fühle deinen Körper.

Konzentriere dich wieder auf dein Kronen-Chakra. Diesmal richte deine Aufmerksamkeit nach oben zum Himmel. Sieh eine Lichtsäule, die nach oben zur spirituellen Ebene steigt, deinen Kanal umhüllt und ihn vor Beeinträchtigungen schützt. Es gibt viele Wesen auf der Astral-Ebene, die gerne Zugang zu deinem Kanal hätten. Sie würden dir ihre Wahrheit bringen, ihre Realität, die nicht immer auf den kosmischen Gesetzen und ihrem Verständnis beruht. Auch die Erde ist an die kosmischen Gesetze gebunden und wird von der spirituellen Ebene aus nach ihnen gelenkt. Wenn du dich in die 4. Dimension bewegst, werden sich die Gesetze, die auf der physischen Ebene den kosmischen Gesetzen zu widersprechen scheinen, nach und nach ändern, bis auch du durch Verständnis und größeres Bewußtsein in ihnen zu Hause bist.

Erlaube deinem Kanal, der die spirituelle Ebene erreicht hat, die Botschaft von einem deiner Führer, Lehrer oder Schutzengel aufzunehmen. Sie sind alle da und warten darauf, direkt mit dir durch deinen Kanal Verbindung aufzunehmen. Erlaube es diesen Durchgaben, durch deinen Kanal zu reisen und durch dein Kehlkopf-Chakra deine Stimmbänder zu aktivieren. Gewöhne dich daran, durch deine Stimme auszudrücken, was du wahrgenommen hast. Frage nach dem Namen desjenigen, der mit dir in Verbindung tritt. Fühle die Energieform, die mit dem Wesen verbunden ist. Das wird dir Sicherheit geben, daß dies alles nicht ein Produkt deiner Einbildung ist, sondern Realität.

Stelle Fragen, was deinen Heilungsprozeß betrifft. Es sind nicht immer physische Probleme. Notiere dir die Antworten mit dem Datum dieser Botschaft. Führe ein Tagebuch, damit du später vergleichen kannst. Die Botschaft mag dir jetzt klar sein, wird aber leicht vergessen, wenn andere Botschaften durchkommen. Es ist gut, diese Aufzeichnungen zu behalten, damit du die Genauigkeit vergleichen kannst, mit der du die Botschaften durchbringst. Ein gewisser Prozentsatz wird deine persönliche Zutat sein. Laß das zu und sei nicht entmutigt. Fahre fort, deinen Kanal zu klären, indem du falsche Denkmuster entfernst, deine Stimme oder entsprechende Kassetten benutzt oder indem du durch Visualisierung deinen Kanal ausdehnst und reinigst.

Die folgende Übung wird dir beim Klären und Ausdehnen deines Kanals helfen. Nimm Kontakt mit deinem Herz-Chakra auf. Visualisiere eine goldene Röhre, die durch dein Kehlkopf-Chakra nach oben steigt und dabei dieses Energiezentrum anregt und es von allen Konditionierungen der Vergangenheit befreit. Du kannst es wirklich fühlen, wie es sich dehnt, weitet und freier wird. Lasse diese Ausweitung geschehen, mein Liebes. Vielleicht fühlst du so etwas wie einen Druck in diesem Bereich. Gib ihn frei, indem du ein

Loch mit deinem spirituellen Finger machst und ihn dadurch entläßt, und schließe dann dieses Loch wieder mit deiner spirituellen Hand.

Folge jetzt dieser goldenen Röhre hinauf bis in den Bereich des Dritten Auges und fühle wieder, wie es sich weitet, aktiviert und gereinigt wird. Viele von euch halten es geschlossen, um das Selbst vor der Verantwortung zu schützen, die das innere Sehen mit sich bringt. Reiße diese Angstbarrikade nieder. Erlaube dem Gold, diese negativen Überzeugungen zu transformieren, die es dir nicht erlauben, diesen Teil deines Kanals zu benutzen. Dehne es aus ... dehne es aus ... und noch einmal, dehne es aus. Sieh, wie die goldene Röhre zu einer goldenen Spirale wird, die sich bewegt, dreht und sehr schnell vibriert. Gut. Sieh jetzt oder wisse, daß an den oberen unklaren Schichten gearbeitet wird, daß sie befreit werden. Laß los und entspanne dich. Fühle diesen Bereich. Nimm die Aktivierung, die stattgefunden hat, wahr. Das ist ein wichtiger Bereich, der dir bei deiner Heilung nützen kann.

Verlängere jetzt die goldene Röhre hinauf bis zu deinem Kronen-Chakra. Fühle diesmal das Gold in seiner Form als Röhre vibrieren. Es entfernt auf sanfte Weise die festgefahrenen Energien, die über lange Zeiträume hinweg eine kristalline Form angenommen haben. Konzentriere dich auf diese Vibration, die Bewegung anfacht! Bringe die violette Flamme in diese goldene, vibrierende Röhre. Lasse deine Aufmerksamkeit nicht abschweifen, konzentriere dich weiter. Die Interaktion von gold und violett entfernt die unerwünschten Energieblockaden. Öffne dein Kronen-Chakra weit ... weiter ... mehr ... Gut! Entspanne dich jetzt und laß los. Empfinde, was du erreicht hast. Vertraue deinen Empfindungen. Aktiviere deinen Kanal jetzt noch einmal und sei aufnahmebereit. Dir sind keine Grenzen gesetzt bei der Auswahl derjenigen, die du einladen möchtest, durch deinen

Kanal zu kommen. Erinnere dich, wir sind alle gleich, alle eins.

Wenn du dich darin übst, deinen Kanal zu benutzen, wird er sich entwickeln und gedeihen. Es ist dieses bewußte Verbindungsglied zur spirituellen Ebene, dein Zuhause, das du glaubtest, verloren zu haben. Diese Verbindung ist nicht abgeschnitten, noch wird sie es je sein. Sie ist unerweckt und kann, wenn du willst, aktiviert werden. Es ist diese Verbindung, die dir bei deiner Heilung helfen wird. Du brauchst Vertrauen, um deinen Kanal wieder zu aktivieren. Vertraue deinem Selbst und vertraue deinen spirituellen Lehrern, die durch deinen Kanal kommen werden. Vertrauen ist ein Problem, an dem die Menschheit arbeitet. Wenn du versuchst, wieder in Verbindung mit deinem Kanal zu kommen, wird alles, was unklar ist, dadurch aktiviert. Durch den Gebrauch deines Kanals werden dir jene Bereiche aufgezeigt, die belastet sind. Hast du schon einmal sagen hören, daß man durch Dienen wächst? Nun, das ist ein gutes Beispiel dafür.

Diese Konfrontation mit deinen unklaren Bereichen gibt dir eine ausgezeichnete Möglichkeit, das, was dir bei deiner Vervollkommnung wie ein Felsen im Wege steht, beiseite zu räumen. Die Angst vor Verantwortung ist ein solcher Felsen. Wenn du Verbindung aufnimmst und Widerstände antriffst, schau genau hin und finde heraus, welchen Grund dieser Widerstand hat, und lasse ihn los.

Es ist wichtig, Verantwortung für eine klare Verbindung durch deinen Kanal zu übernehmen. Ein Kanal muß gepflegt werden wie eine schöne Rose. Vermeide lange Zeiträume, in denen du dich nicht reinigst und ins Gleichgewicht bringst. Meditiere und halte deinen Emotional-Körper ausgeglichen. Versuche nicht zu *channeln,* wenn du ärgerlich, beunruhigt oder desillusioniert bist. Ist das der Fall, nutze die in diesem Buch gegebenen Methoden, um deine Balance wiederzufinden, bevor du zu channeln versuchst.

Dein Kanal besteht aus einer dir eigenen Energie-Formel, die du festsetztest, als du eine Monade warst. Sie ist vergleichbar mit deiner Blaupause, die noch da ist, aber mit all deinen Erfahrungen seitdem geschmückt ist. Auf dieser Basis hast du positive wie negative Gewohnheiten aufgebaut. Und während du im Jetzt Erfahrungen machst, wirst du mit beiden Aspekten konfrontiert und hast Gelegenheit, die falschen Glaubensmuster aufzugeben. Je näher du deiner Blaupause kommst, desto stärker wirst du als Kanal. Du brauchst dich nicht in den Dienst für andere zu stellen, um deinen Kanal zu benutzen. Du kannst dich selbst durch den Gebrauch deines Kanals klären und trägst dadurch auch zum Ganzen bei. Jedes Mal, wenn du eine Schicht deines Bewußtseins klärst, entfernst du deinen Teil, der im Massenbewußtsein vertreten ist.

Kannst du erkennen, wie alles im göttlichen Plan zusammengehalten wird und miteinander in Beziehung steht, so daß nichts verlorengeht? Du kannst deine Energien nicht vergeuden, aber du kannst sie binden und dann Einschränkungen in deiner Kreativität erfahren. Erinnere dich: Alles, was du an deinem gegenwärtigen Leben nicht liebst, kann geändert werden. Aber es muß durch dich geschehen. Es ist deine schöpferische Kraft, die dies bewirken kann. Je mehr du die gebundenen Energien löst, desto klarer wirst du dein gegenwärtiges Leben gestalten können. Das ist ein Weg der Lösung; aber es gibt viele andere Wege.

Wenn du deine Tür öffnest — deine kosmische Tür, sei es aus Neugierde oder vielleicht weil du verzweifelt nach einem Weg aus deiner Misere suchst, weil kein Arzt und kein Medikament dir helfen kann, wirst du mit vielem konfrontiert werden, wozu du früher keinen Zugang hattest. Du mußt dich prüfen, um herauszufinden, wie weit du gehen, wieviel Mühe du dafür aufwenden willst, eins mit deiner

Seele zu werden, eins mit deinem höheren Selbst, eins mit deinem Ursprung, eins mit der QUELLE. Das ist es, wonach du dich sehnst, das ist es, wonach du Äonen von Zeit gesucht hast, das ist der Grund, weswegen du getötet, dich bestraft und auf so vielerlei Weisen Erfahrungen gesammelt hast.

Hier ist eine kurze Meditation, die deinen Entwicklungsweg zeigt, den deine spirituellen Führer beleuchten. Schließe deine Augen und sieh vor dir einen Weg. Schau dir die Einzelheiten an. Ist er eng oder breit? Ist er gerade oder kurvig? Ist er steil oder leicht geneigt oder gerade? Sieh dich selbst jetzt diesen Weg gehen. Schau dich an. Wie groß bist du? Was tust du? Beobachte dein Energieniveau! Welche Emotionen stellst du fest? Bist du glücklich, traurig, stehst du unter Druck, müde, besorgt, neugierig, aufgeregt, optimistisch, energisch? Schaue zum Himmel. Was siehst du? Ist es Nacht? Siehst du Sterne und erlaubst du ihnen, dich zu führen? Ist es Tag? Sind Wolken am Himmel? Regnet es? Stürmt es?

Sieh jetzt einen orangefarbenen Ball hoch oben am Himmel. Sieh, wie die Strahlen herunterreichen und deinen Weg beleuchten. Sie geben den Dingen Leben, die du vorher nicht gesehen hast, während du damit beschäftigt warst, dich darüber zu sorgen, daß du den Weg verfehlst. Lasse die Angst, dich zu verlaufen, los. Du kannst dich nicht verlieren, denn jeder Weg führt zum Gipfel, den du als Ziel vor dir siehst. Lasse diese Sonnenstrahlen dein physisches Vehikel aufhellen, das müde ist, erschöpft und entmutigt. Tue es jetzt. Bemerke den Unterschied in der Weise, wie du jetzt zu deinem Weg stehst. Ist er leichter, ist der Gipfel nähergerückt? Siehst du die kleinen Kiesel, die deinen Weg säumen? Kannst du jetzt zu ihnen sprechen und sehen, daß du nicht allein bist, daß du Gesellschaft hast? Und wie steht's mit dem Gras, den Blumen, den Bäumen, die du auf deinem Weg triffst? Kannst du dir von ihnen helfen lassen, deinen Weg weniger einsam zu machen? Ja, das ist ein Glaube, den ihr alle in euch tragt. Eurer Weg ist der einsamste, den es gibt. Er muß nicht einsam sein. Lasse die Vögel und die Bienen, die kleinen Ameisen und alles, dem du begegnest, dir helfen. Versuche es und teile dich deinen Weggenossen mit. Du hast so viele Helfer, die du gar nicht kennst.

Säume deinen Weg jetzt mit der Farbe gold, während die orangefarbene Sonne noch auf dich scheint. Macht es dir Spaß, deinen Weg zu gehen? Er wird höchstwahrscheinlich farbenfroh werden, im wörtlichen Sinne. Aber ich sehe die Schwingungsänderung hier. Das wird dir die Einstellung zu deinem Weg ändern helfen. Nimmt es dir das Gefühl, ganz allein auf diesem Weg zu sein, der niemals zu enden scheint? Wisse, daß auch ich den Weg gehe, der zum Gipfel führt. Aber ich betrachte ihn mit Freude und Neugierde. Ich bin in Verbindung mit allem, was mir auf meinem Weg begegnet. Ich fühle mich nicht einsam. Ich treffe auf andere Hindernisse als du, aber wie du suche ich sie zu überwinden und dann weiterzugehen.

Während du höher und höher deinen Weg hinaufsteigst, siehst du in der Ferne die schönste Farbe violetten Nebels, der dir für einen Moment die Sicht auf dein Ziel benimmt. Du gerätst außer dir, du denkst, du bist verloren. Lasse dieses Violett diese Ängste zerteilen und schaue wieder hin. Dein Ziel scheint näher und klarer. Du kannst jetzt deinen Weg mit einem neuen Bewußtsein betrachten, denn du kannst mehr Licht ertragen.

Wenn du dich in einem Bereich festgefahren fühlst, der voller Unruhe ist und es dir verwehrt, das Licht zu sehen, erinnere dich an die Visualisierung, die ich dir gerade gegeben habe. Mache sie langsam, Schritt für Schritt, und du wirst dem Abgrund entkommen, den du vor dir siehst. Diese Werkzeuge, die ich dir gebe, sind wirksam. Sie sind einfach, aber unterschätze Einfachheit nicht. Nicht komplizierte

Worte oder Satzkonstruktionen, die du kaum verstehst, verhelfen dir zum Verständnis, sondern jene klaren Techniken, die dich zum „Aha"-Erlebnis führen und schließlich zur Verwirklichung.

Deinen Kanal umfassend zu reinigen, bedeutet auch, Kristallisationen in deiner physischen Struktur abzutragen. Kristallisationen sind Energiemuster, die sich kristallisiert haben. Ähnlich wie Kalkablagerungen, die Gelenke steif werden lassen und die Arterien verstopfen, verstopfen Kristallisationen spirituelle Kanäle. Die Energie kann nicht mehr durch diese Bereiche fließen und schneidet sie von der freien Lichtzirkulation ab. Das hat den Effekt der Isolation, die dir das Gefühl vermittelt, abgeschnitten zu sein. Da in jedem Teil deines Körpers Empfänger und Sender eingebaut sind, die in Beziehung zur spirituellen Ebene und ihren nährenden und informierenden Aspekten stehen, wirst du zu diesem Bereich keinen Zugang haben. Du kannst nicht zu der Information gelangen, die in deiner Zellstruktur enthalten ist. Du kannst es noch und noch mit allen Methoden versuchen, die dir bekannt sind und die im allgemeinen wirken, doch dein Fortschritt scheint stillzustehen. Der Grund liegt darin, daß die nötigen Verbindungszentren für die spezifische Information, die du suchst, in diesem kristallisierten Bereich blockiert sind.

Es gibt mehrere Methoden, um sich von Kristallisationen zu befreien. Das *pattern-removal*-System in Verbindung mit feinstofflicher Körperarbeit ist die wirksamste. Es greift buchstäblich diese erstarrten Strukturen von allen Seiten an. Eine andere Methode arbeitet mit den Farben *blau* und *grün,* die zweimal am Tag für ein paar Minuten lang auf den kristallisierten Bereich angewendet werden. Es ist notwendig, die falschen Glaubensmuster, die dort verborgen liegen, loszulassen, um deren Anhaften und Kleben zu beseitigen.

Wenn man sich einmal von den Mustern befreit hat, wird die verhärtete Struktur abgelöst und kann, wenn man will, leichter beseitigt werden.

Eine andere Farbkombination, die eine gänzlich unterschiedliche Energieformel hat, ist Gold und tiefes Orange. Diese Kombination wird die oberste Schicht jeder Kristallisation auflösen. Um Resultate zu erzielen, mußt du, wenn du nicht gleich Erfolge siehst, beharrlich sein. Du hast ein Leben nach dem anderen damit zugebracht, solche falschen Glaubensmuster anzusammeln, was diese kristallisierte Struktur entstehen ließ. Jetzt braucht es Geduld und Bereitschaft, alles zu tun, was möglich ist, um dich von dieser Schöpfung deiner Vergangenheit zu befreien, die dich an der freien Entfaltung deiner Kreativität im Hier und Jetzt hindert.

Tiefenmassagen sind ebenfalls sehr hilfreich. Sie sollten mit der *pattern-removal*-Methode kombiniert werden, um einen anhaltenden Effekt zu erbringen. Eine Tiefenmassage ist nicht für jeden geeignet. Wenn du fühlst, daß es die richtige Behandlungsweise für dich ist, folge ihr im Stillen. Achte darauf, daß die angestauten Energien, die gelöst werden, durch deine Finger oder Zehen abgeleitet werden. Benutze deinen Willen, um die unklaren Energien „hinauszubitten". Auf diese Weise wirst du den Schmerz nicht empfinden, der oft Folge der Tiefenmassage ist. Trinke danach viel Wasser, um dein Körpersystem zu reinigen. Wasser hat elektrische Qualitäten, die jene Energien ableiten, die sich nicht entschließen können, dort zu sein, wo sie hingehören.

Bevorzugte Kristallisationspunkte liegen im Nacken- und Schulterbereich. Normalerweise sind diese sehr schmerzhaft und widerstreben dem Bemühen, die angestauten Energien freizugeben, die den Schmerz verursachen. An allen Hauptgelenken werden Energien gestaut. Jedes Gelenk weist neben der physischen Funktion viele spirituelle Verbindungsglieder auf, die auf vielen Ebenen arbeiten. Wenn der freie Energiefluß in diesen Bereichen nicht zirkulieren und sie stimulieren kann, ist der Zugang zu diesen spirituellen Verbindungsgliedern unmöglich. Die obengenannten Methoden helfen auch hier. Du kannst deine Gelenke selbst behandeln, indem du sie so fest, wie du es ertragen kannst, reibst und dafür sorgst, daß die festgehaltenen Energien aus deinem Körper fließen. Du kannst fühlen, wenn ein Energiestrom durch deine physische Struktur fließt. Es fühlt sich an wie elektrischer Strom, der den spezifischen Bereich durchrieselt, wenn du zum Beispiel auf eine entzündete Stelle drückst.

Punkte zu drücken, die schmerzhaft sind, bis der Schmerz vergangen ist, ist eine andere Methode, die du selbst anwenden kannst. Finde eine schmerzhafte Stelle und drücke mit deinem Finger so fest, wie du es ertragen kannst, auf diesen Punkt. Nimm deinen Atem zu Hilfe, um den Schmerz sozusagen auszuatmen. Und vergewissere dich, daß du mit deinem Willen den freigesetzten Energiefluß aus deinem Körper entläßt.

Es gibt gewisse Energiepunkte über deinen ganzen Körper verteilt, die einen elektromagnetischen Fluß auslösen und gestaute Energie freisetzen, wenn man sie leicht berührt. Noch wirksamer ist es, wenn ein anderer diese Stellen drückt und du dich völlig entspannen kannst. Doch wenn niemand zur Verfügung steht, kannst du es selbst tun. Auf deiner Stirn, 2 Finger breit über deinen Augenbrauen, befinden sich zwei solche Punkte. Nimm deine beiden Zeigefinger und halte leicht jene Punkte, bis du einen Energiefluß in deinem Körper spürst.

Für jeden von euch wird dies ein anderer Bereich sein. So stimme dich einfach ein und werde dir deines Körpers und seiner inneren Bewegungen bewußt.

Wenn einmal die Energie zu fließen beginnt, übe so lange

gleichbleibenden Druck aus, bis der Fluß aufhört. Dann gehe zu den nächsten Punkten über, die sich unter den Augenbrauen befinden, in den Augenwinkeln und dem Nasenbein. Drücke diese Punkte so sanft oder so fest, wie du es ertragen kannst. Einige von euch brauchen einen festen Druck, um dem Körper zu signalisieren, daß sie hart arbeiten, um diese Freiheit von Begrenzungen zu erreichen. Andere wieder, die nicht dieser Meinung sind, brauchen nur eine leichte Berührung und erreichen das gleiche Ergebnis. Wenn du unsicher bist, zu welchem Typ du gehörst, versuche beides und finde heraus, was für dich das Beste ist. Noch einmal, drücke, bis du den Energiefluß fühlst, den du durch Halten dieser Punkte in Bewegung bringst, bis er abebbt. Lasse los und entspanne dich. Fühle die Veränderung, die stattfand. Siehst du klarer? Hat der Schmerz in deinem Bein nachgelassen? Fühlst du dich leichter auf der Brust? Viele Teile deines Körpers können durch diese beiden Punkte, die geklärt wurden, profitieren.

Die nächsten zwei Punkte sind dort, wo die Mitte jeder Augenbraue ist. Ein Fingerbreit darunter setze einfach die Daumen auf und drücke in die Augenhöhle. Viel Streß ist hier in diesem Energiefeld festgehalten. Nimm dir Zeit und befreie diese blockierten Energien. Du kannst deine Augen nicht verletzen, doch nimm deine Kontaktlinsen heraus, solltest du welche tragen. Schmerz in einem dieser Zentren ist ein sicheres Zeichen, daß blockierte Energie vorhanden ist, die es zu befreien gilt. Werde dir immer danach deines Körpers gewahr und stelle die Änderung fest, wie gering sie auch sein mag. Lasse den Körper wissen, daß die Mühen und die Veränderungen geschätzt werden. Kommunikation ist jederzeit notwendig, um den Heilungsprozeß deines Körpers auf allen Ebenen zu beschleunigen.

Danach plaziere deine beiden Mittelfinger auf die Außenseite der Augen. Halte deine Augen geschlossen, wenn du

Druckpunkte

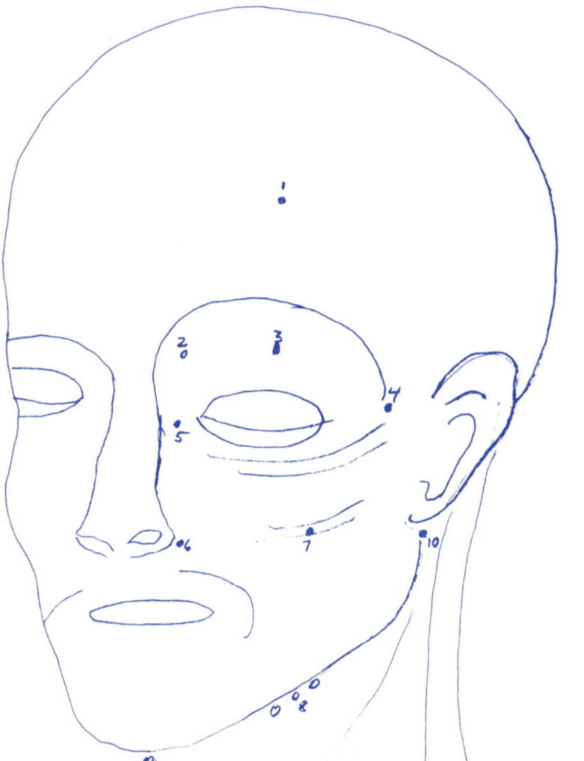

die Druckpunkte behandelst, und kontrolliere deinen Körper regelmäßig auf verspannte Stellen und entspanne sie, bevor du fortfährst. Halte sanft diese Punkte und beobachte eine Erleichterung durch diese beiden Punkte. Warte, bis dieser Prozeß abgeschlossen ist, bevor du zu den nächsten beiden Punkten rund um deine Augen weitergehst. Nimm jetzt deine Zeigefinger und setzte sie auf deine Tränendrüsen und drücke gegen das Nasenbein. Das ist ein anderer Bereich, in dem viel festgehalten wird. Warte, bis der Energiefluß abklingt, und ruhe. Beurteile, was du bis jetzt erreicht hast. Diese Meridianpunkte können dir auch andere Bereiche aufzeigen, die blockiert sind und die du nicht kanntest. Das ist der Grund, warum es so wichtig ist, jeder kleinen Bewegung in deinem Körper sorgsam Aufmerksamkeit zu schenken.

Die nächsten Punkte befinden sich an der Nasenwurzel. Setze deinen Mittelfinger rechts und links an die Nasenwurzel und drücke. Du wirst erstaunt sein, wieviel Aktivität du stimulierst. Halte, bis du den Energiefluß nicht länger spürst, und lasse los. Entspanne dich. Fühlst du dich leichter, geöffnet? Gut!

Plaziere jetzt deinen Zeigefinger, deinen Mittelfinger und deinen Ringfinger unter deine Backenknochen und drücke gegen die Backenknochen. Halte, bis die Energien fließen und abklingen, und lasse los. Setze jetzt deine Zeigefinger über deine Kieferngelenke und übe kreisend Druck mit deinen Fingern aus. Das ist sehr schmerzhaft. Viele unausgesprochene Worte, die blockierte Energien entstehen ließen, sitzen hier fest. Arbeite daran, bis du eine Erleichterung fühlst. Es hilft, deine Kiefern entspannt und deinen Mund halboffen zu halten. Beobachte, wie du Energien durch deinen Mund freisetzt. Vergiß auch nicht, deinen Schmerz auszuatmen. Wenn du Schmerz unterdrückst, anstatt ihn loszulassen, wird er nicht freigesetzt. Lasse alte Gewohnheiten los, die dir einreden, daß du ihn verbergen und wegstecken mußt, etwa wie ein ausgestopfter Strumpf. Wie fühlt sich wohl ein ausgestopfter Strumpf? Wahrscheinlich steif und unbeweglich. Fühlst du dich auch so? Schmerz muß aus dem Körper entlassen werden. Schmerz bewußt auszuatmen, ist ein guter Weg, mit diesen negativen Energien umzugehen.

Als nächstes kommen die Drüsen, die sich so leicht entzünden und Mandelentzündung hervorrufen. Nimm deine Daumen und drücke diese Mandeln und lasse vorsichtig deine Daumen kreisen. Entzündungen sind ein Zeichen von Furcht. Vielleicht sind deine Gedanken vor Ärger entzündet? Verdrängte Gefühle sind vielfach der Grund für Entzündungen. Lasse jetzt los und setze deinen Daumen auf die Mitte unter deinem Kinn, dort, wo du die Wurzel deiner Zunge spürst. Für einige von euch wird das ein Hauptpunkt der Erleichterung sein. Viel Angst und Schmerz sitzt hier aus deinen vergangenen Erfahrungen fest. Lasse diesen Schmerz durch Kreisen und Drücken auf diesem Punkt heraus.

Jetzt geh' zu den Ohren über. Hinter jedem Ohrläppchen, wo die Kiefernknochen enden, ist ein Punkt, dem Aufmerksamkeit geschenkt werden muß. Wende so viel Druck an, wie nötig ist, damit du diesen Bereich spürst. Lasse die gestauten Energien herausfließen. Gut. Fühle jetzt den Unterschied, wo du die Hindernisse beseitigt hast, die ein Netz von Energielinien beeinträchtigt haben, die kreuz und quer durch deine vier Körper laufen.

Gehe jetzt hinunter zu deinem Schlüsselbein gegen die Schulter zu. Am Ende des Schlüsselbeins drücke mit deinem Zeigefinger in den weichen Bereich deiner Schulter. Halte diesen Punkt, bis das, was in dieser Schulter festgehalten ist, frei wird. Vielleicht mußt du eine Weile drücken. Wiederhole das Ganze auf der anderen Seite.

Ein Finger breit unter dem Schlüsselbein, etwa 4 cm

rechts und links von der Mitte deiner Brust, befindet sich ein anderes Energiezentrum. Drücke es leicht und kreise mit deinem Mittelfinger. Fühle den Energiestrom, der deine Beine hinunterströmt ... Führe ihn aus deinen Zehen heraus. Gut. Beim Halten dieser Punkte werden immer wieder neue Schichten blockierter Energie auftauchen, sobald die eine Schicht entladen ist. Wenn du Farben sehen kannst, wirst du ein Farbenspiel wahrnehmen. Spezifische Energien haben spezifische Farben. Bei ihrer Entladung wird eine andere Farbe sichtbar, eine Farbe, die dein Körper braucht, um die gegenwärtige Schwingung zu ändern. Der Führer oder Lehrer, der in diesem Moment mit dir arbeitet, wird diesen Prozeß lenken. Grün oder violett wird auftauchen, bevor die nächste Schicht dunkler Energie an die Oberfläche kommt.

Es gibt viele, viele andere Punkte, die gefunden und durch Druck freigemacht werden können. Der Nacken- und Schulterbereich hat allein 37 Punkte. Es gibt einen Punkt, der viel Spannung in sich birgt. Er befindet sich dort, wo die Basis deines Schädels auf den Nacken trifft. Gehe mit deinem Daumen in diese Einkerbung und drücke leicht kreisend. Energieströme werden sich hier entladen. Leite sie aus deinem Körper ab. Ausgezeichnet! Fühle das neue Selbst, denn du hast dich jetzt von vielem befreit, was dich sowohl physisch wie auch spirituell behindert hat.

Um diese neugefundene Freiheit zu krönen, fülle deinen Körper mit meinen orangefarbenen Strahlen, die die Energien der Zentralen Sonne, oder vielmehr einen Aspekt davon, in dein Wesen bringen. Fühle dich aufgeladen und dehne deine Körper mit dieser Energieform aus, die dich stärkt, nährt und stabilisiert. Halte deine Aufmerksamkeit für einige Sekunden oder Minuten darauf gerichtet und lasse dann los. Du hast hart gearbeitet und viel gewonnen. Jetzt entspanne und erfreue dich.

Ich habe Helios gebeten, einige Verhaltensmuster zu geben, die die Kristallisationen in deinen vier Körpern behandeln. Helios ist ein scharfer Beobachter solch falscher Glaubensmuster im Massenbewußtsein und hat viel dazu beigetragen, sie aufzulösen. Tritt durch seine Energie in das Massenbewußtsein ein und entferne die folgenden Muster. Ich, Cantor, habe mich über unsere Begegnung gefreut und verabschiede mich für heute mit meinem Segen und Licht.

ICH ERLAUBE MEINEM SELBST, MEINE KRISTALLISATION AUFZUBRECHEN

finde keinen Weg/ habe keine Kraft dazu/ das wird eine schmerzvolle Erfahrung sein/ Furcht, einen Teil meines Selbst' zu verlieren/ kann nicht ohne ihn auskommen zu schwierig auszuführen/ keine Chance, daß es gelingt/ weiß nichts über diesen Bereich/ zu tief eingefleischt/ Verlust wird das Ergebnis sein

ICH ERKENNE, DASS ICH NICHT AN DEN FALSCHEN ÜBERZEUGUNGEN FESTZUHALTEN BRAUCHE, DIE DIE KRISTALLISIERTE STRUKTUR AUFRECHTERHALTEN

kann das nicht sehen/ glaube nicht, daß es möglich ist/ kann das so nicht sehen/ kann damit nicht umgehen/ kann es nicht verstehen brauche eine Unterstützung/ fürchte, daß ich mich in diesem Prozeß verlieren werde/ halte an Verhaltensmustern fest, die diese Erkenntis nicht erlauben

ICH BEFREIE MICH VON DEN BEGRENZUNGEN, DIE MIR DIE KRISTALLISATION AUFERLEGT

sitze in der Falle/ fühle mich hilflos/ kraftlos/ gefangen/ die Vergangenheit hält mich Verstrickung/ keine Wahl, keine Freiheit/ das liegt weit außer meiner Kontrolle/ ich

in dieser Struktur fest und wird mich nicht freilassen/ weiß nicht, wie ich mit meiner Kontrollfähigkeit in Verbindung komme, die mir hier Änderung ermöglicht

kann mein Unterbewußtsein nicht überzeugen, hier loszulassen/ kann nicht Verbindung zu meiner schöpferischen Kraft aufnehmen, um zu ändern, was so strukturgebunden ist

ICH HABE KEINE ANGST, INS UNBEKANNTE VORZUSTOSSEN, UND LASSE VON DER NOTWENDIGKEIT, AM ALTEN FESTZUHALTEN

Unsicherheit/ traue mir und anderen nicht/ sehe keinen Weg, aus dieser Struktur auszubrechen, die mich hält und bindet/ zwanghafte Notwendigkeit, zu bleiben, wo ich bin/ keine Möglichkeit, hier loszulassen und freizuwerden

kann den Zusammenbruch nicht erkennen/ Angst vor dem Unbekannten/ kann nicht loslassen/ möchte schon, aber weiß nicht, wie/ Verlust, Ängstlichkeit/ Verschlimmerungsprozeß, den ich nicht kontrollieren kann/ das ist mehr, als ich im Moment ertragen kann

ICH ÜBERWINDE MEINE KRISTALLISIERTE STRUKTUR, DIE MICH VON MEINEN SPIRITUELLEN VERBINDUNGSGLIEDERN ABSCHNEIDET

sehe keinen Weg, dies zu tun/ gefangen in meiner alten Verhaltensweise/ kann die spirituelle Verbindung nicht finden/ kann nicht sehen, ob sie wirklich besteht/ Blockade/ festgehalten im Massenbewußtsein/ die Sache ist zu schwierig

kann von diesem Reiz nicht loskommen, der mich in diesem getrennten Zustand gefangenhält/ Vergangenheitsbezogenheit/ hält mich in dieser Lage fest, wo ich nicht sehen und verstehen kann/ Verzerrung/ Illusion, die mich gefangenhält und zu meiner Realität wird

ICH REISSE DIE KRISTALLISIERTE STRUKTUR EIN, WEIL SIE MEINEN SCHÖPFERISCHEN PROZESS NEGATIV ZU BEEINFLUSSEN BEGINNT

weiß nicht, wie ich das meinem Unterbewußtsein beibringen soll/ sehe keinen Weg, das umzuwandeln, was in meiner Vergangenheit erschaffen wurde/ Verlust

das geht weit über meine Fähigkeit hinaus/ kann es nicht kontrollieren/ bin hilflos verloren/ strauchelnd und umhertastend muß ich meinen Weg durchs Leben finden

ICH ERWACHE ZU MEINER FÄHIGKEIT, DIE KRISTALLISIERTE STRUKTUR AUFZULÖSEN

zwanghafter Widerstand/ kann nicht darüber hinausgehen/ möchte schon, aber etwas hält mich von meinen eigenen Wünschen zurück/ verstehe nicht

ich kann nicht sehen oder verstehen, was das wirklich bedeutet/ bin dazu bestimmt, an dem Fleck zu bleiben, wo ich gerade stehe/ Furcht vor Veränderung/ Hilflosigkeit/ Frustration

ICH LASSE DIE NOTWENDIGKEIT LOS, AN MEINER KRISTALLISIERTEN STRUKTUR FESTZUHALTEN, UM ZU ÜBERLEBEN

brauche diese Sicherheit/ Furcht, loszulassen/ Absonderung kommt hier ins Spiel/ muß kämpfen, um überhaupt zu überleben/ kann vor lauter Angst nichts sehen/ kann nicht verstehen

es ist für mich unmöglich, diese tiefsitzende Überzeugung zu ändern, die mich in diesen Verhaltensmustern festhält/ Angst, über diese kristallisierte Struktur hinwegzugehen, die mir vertraut ist und Sicherheit gibt

Ich befreie mich von meiner Überzeugung, dass ich nicht von meiner gewohnten Struktur lassen kann, und gehe sicher in unbekanntes Gebiet hinein

die Aufgabe ist zu schwierig/ es ist meine Realität, und ich muß nicht loslassen, um mich in meiner Welt sicher zu fühlen/ möchte schon, aber weiß nicht, wie

Angst vor Verlust/ kann nicht ändern, was so lange zu mir gehörte/ ich kann nicht über meine Ängste hinausgehen/ kann nicht gegen meine Wünsche angehen

Ich beseitige die Widerstände, die ich gegen den Auflösungsprozess hege

eine zwanghafte Angst vor Versagen hält mich zurück, es geschehen zu lassen/ Frustration/ brauche Hilfe, die nicht verfügbar ist

kann es nicht tun, habe es versucht und schaffe es nicht/ bin hilflos/ Gefühl, daß ich es nicht wert bin, überkommt mich, wenn ich es am wenigsten erwarte

Kapitel 7

Beispiele aus der Praxis

An den folgenden Fallbeispielen sollen die Resultate aufgezeigt werden, die sich durch die Anwendung der Techniken und Methoden in diesem Buch ergaben.

Manchmal brachte eine einzige Behandlung einen großen Umschwung, dann wieder war eine Serie von Behandlungen nötig, um das gewünschte Resultat zu erzielen. Laßt euch davon inspirieren, die Werkzeuge, die euch an die Hand gegeben wurden, auch zu benutzen, um über eure Handicaps — oder euren gehemmten Energiefluß, wie es die Lehrer nennen, hinauszukommen.

Vor jeder Behandlung kläre ich meine Energien und bitte Jesus und mein Höheres Selbst um Beistand. So geschah es auch in dem Fall einer Klientin, die mich um eine Behandlung gebeten hatte und die ich in diesem Augenblick erwartete. Die Türglocke läutete, ich sah zwei Damen draußen stehen. Eine von ihnen keuchte so stark, daß sie kaum sprechen konnte, und die zweite trug eine Sauerstoffflasche in meinen Behandlungsraum. Im Stillen hoffte ich, daß die Sauerstoffflasche nicht gebraucht würde, denn ich hatte so einen Apparat nie zuvor gehandhabt. Fünf Minuten nach Behandlungsbeginn hustete die Frau so stark, daß sie sich setzen mußte, bis ihr Asthma-Anfall vorüber war. Dieser Vorgang wiederholte sich noch zweimal. Da hatte ich plötzlich die Eingebung, daß sie gerade jetzt Liebe brauchte, und zwar physisch ausgedrückt. So streichelte ich ihr Kopf und Gesicht sehr zart, aber bestimmt und konnte sehen, wie sich ihr Energiefeld augenblicklich verwandelte. Ihr bisher schneller, flacher Atem wurde langsamer und tiefer. Ich wies sie darauf hin und bat sie, auf ihr Atemmuster zu achten. Zwei Tage später, als sie den nächsten Termin bei mir hatte, berichtete sie, daß sie sich besser fühle, und ich konnte es an der Art ihres Atems bestätigt finden. Während der Behandlung mußte sie sich nicht aufsetzen und hatte auch keinen Anfall. Ihr Atem beruhigte und vertiefte sich weiterhin, und ihr Keuchen, das von der Angst herrührte, nicht genug Sauerstoff zu bekommen, war fast verschwunden. Sie lächelte wie ein Kind, das weiß, daß es geliebt wird, und hatte wieder Vertrauen zum Leben.

Ihre dritte Behandlung diente mehr oder weniger dazu, diesen Zustand zu stabilisieren, denn ihr Atemmuster war normal. Dies bedeutet jedoch nicht, daß ihr Problem, welches diese Situation in erster Linie verursacht hatte, verschwunden war. Aber ihr Zustand hatte sich so beträchtlich gebessert, daß sie sich mit den Methoden, die ich ihr zeigte, selbst weiterhelfen konnte. Ich konnte sie auf ihre tiefsitzende Angst aufmerksam machen, Lebenskraft tief einzuatmen. Ich zeigte ihr, daß sie Liebe nicht außerhalb ihrer selbst suchen mußte, sondern die Liebe zu sich selbst als Zugang benutzen konnte, um den tieferen Grund ihrer Beschwerden zu heilen.

Im Verlauf dieser Behandlungen gaben mir die Lehrer „Pattern“ (falsche Überzeugungen, die sie hegte und auflösen sollte) für sie, mit denen die Chakras und die vier Körper in Balance kamen und hauptsächlich im Bereich der Selbstliebe gearbeitet wurde. Auch in diesem Fall erwies sich die Erkenntnis als sehr wichtig, daß Selbstliebe der Schlüssel zu Gesundheit und Wohlbefinden im täglichen Leben ist.

An dem folgenden Fall möchte ich zeigen, wie effektiv die Arbeit mit Pattern ist. Als ich anfing, dieses Buch zu schreiben, fühlte ich große Widerstände in mir. Wie üblich, wenn ich auf ein unklares Gebiet in mir stoße, gab ich mir Pattern, um diesen Widerstand zu klären. Voller Freude stellte ich fest, wie leicht die Informationen durch meinen Kanal flossen und daß alle Teile wie in einem Puzzle zusammenpaßten.

Dann kam der Moment, in dem alles in den Computer eingegeben werden sollte. Plötzlich geschahen alle möglichen unerwarteten Unterbrechungen. 40 Seiten wurden gelöscht und eine Woche Arbeit mit dem Computer schien umsonst gewesen zu sein.

Da endlich fragte ich nach, was los war. Cantor sagte mir, daß brisante äußere Kräfte mein Energiefeld blockierten und störten. Sie konnten meinen Kanal wegen der hohen Lichtfrequenz, die ihn schützt, nicht beeinträchtigen. Deshalb verlegten sie sich auf die Störung des Computers, den ich so dringend benötigte. In dem Moment, in dem ich Pattern auf diesem Gebiet löste, war die Behinderung aufgehoben — bis zum nächsten Mal. So ging es zwei Wochen lang.

Dann hatte ich endlich „freie Fahrt“, nachdem ich die Pattern gelöst hatte ...

Schließlich fragte ich nach, warum mein Computer nicht so geschützt war wie mein Kanal. Warum mußte ich durch all diese Unterbrechungen hindurch? Die Antwort, die ich darauf bekam, war mir vertraut: In meinem Unterbewußtsein existierte die Überzeugung, daß ich äußere Einflüsse auf mein Leben hinnehmen muß, ohne eine freie Wahl zu haben. Als ich dann fortfuhr, dieses Gebiet zu klären, gab es keine ärgerlichen Überraschungen mehr, und ich hatte wieder freie Fahrt. Da erinnerte ich mich an Djwhal Khuls Worte: *Durch Dienen wächst du!*

Das Schreiben dieses Buches brachte mich dazu, zuerst diesen Bereich äußerer Einflüsse zu klären, ehe ich weiterschreiben konnte. In jeder anderen Situation hätte ich diese Einflüsse nicht wahrgenommen oder übergangen. So gab mir mein Computer die Gelegenheit, mich mit diesem Bereich auseinanderzusetzen. Wieder hatte mir die *pattern-removal*-Methode geholfen, störende Faktoren in meinem Leben auszuschalten.

Einmal wurde ich gebeten, einer Frau zu helfen, die den Mißhandlungen ihres Mannes ausgeliefert war. Sie begriff nicht, warum sie ihn nicht verlassen konnte, obwohl sie ihn haßte und fürchtete und sich vor ihm ekelte. — Ich schaute die früheren Leben der beiden an und fand mehrere bindende Schwüre, die sie sich gegenseitig gelobt hatten. Diese Schwüre hatten noch Geltung und gaben ihr nicht die Möglichkeit, frei im Jetzt zu wählen. Wie verzweifelt ihre Lage auch sein mochte, sie war unfähig, ein Leben aufzugeben, das sie entwürdigte.

Nachdem sie die Pattern gelöst hatte, die ihre falschen Überzeugungen auf diesem Gebiet betrafen, fand sie es gar nicht mehr nötig, ihren Mann zu verlassen. Dadurch, daß sie diese falschen Muster aufgab, sandte sie nicht mehr die spezifischen Schwingungen aus, auf die ihr Mann in der entsprechenden Weise reagiert hatte, und er änderte sich.

Eines Nachmittags, als ich in meiner Boutique war, rief mich eine Mutter an, die ich von der Pfadfindergruppe meines Sohnes her kannte, und fragte mich, ob ich es auch so schwer hätte wie all die anderen Mütter dieser pubertierenden Jungen. Ich verneinte, und sie meinte, ich hätte Glück, einen so ruhigen, liebenswürdigen Jungen wie Adrian zu haben. Er habe es nicht nötig, sich zu profilieren, indem er Alkohol trinke, rauche oder sich besonders widerborstig zeige. Er sei wohl so geboren und ich solle mich deshalb glücklich schätzen. Ich versuchte ihr zu sagen, daß der Grund meines „Glückes“ darin bestand, daß ich ihm jedesmal, wenn ich feststellte, daß er unleidlich war, eine Energie-Behandlung gab, welche die angestaute Energie wieder ins Fließen bringt. Ich schaue mir seine früheren Leben an und gebe ihm einen kurzen Überblick über die Situation, die aktiviert wurde, und dann folgt die Behandlung mit Pattern. Die Behandlung schließt viel Berührung und Massage ein (in seinem Fall, damit er lange genug stillhält), die das Bedürfnis nach Kontakt befriedigt, welches auf andere Weise abgelehnt würde.

Wenn Adrian in der High School eine Prüfung hat, gebe ich ihm am Vorabend eine Energie-Behandlung oder Pattern, wenn er es braucht, und er erzielt dann gute Resultate. Von einem schwachen Schüler hat er sich zu einem Schüler entwickelt, der Auszeichnungen erhält.

Wenn Schulen die Bedeutung von Energie-Behandlungen erkennen könnten, durch die zerstörerische Überschuß-Energien beseitigt werden, hätten es Lehrer und Schüler leichter, und das wissenschaftliche Niveau wäre höher.

Eine Frau, die vor einigen Jahren in Los Angeles vergewaltigt worden war, bat mich um Hilfe. Sie war selbst ein Medium, hatte aber erst vor kurzem einige Einzelheiten ihrer Vergewaltigung erkannt. Sie hatte den ganzen Vorfall so stark verdrängt, daß sie sich selbst an das Gesicht des Täters nicht mehr erinnern konnte. In der Therapie hatte sie schon einige Zusammenhänge erkannt, doch wollte sie schneller vorankommen und diesen Bereich klären, denn er behinderte sie in ihrer Beratertätigkeit. Als ich versuchte, in ihr Unterbewußtsein vorzustoßen, war ihr Widerstand so groß, daß es zunächst unmöglich war. Sie war zu Besuch in Sedona und wollte am selben Abend zurückfahren. Ich bat meine Führer inständig um Hilfe, und sie leiteten mich zu Stellen an ihrem Körper, welche die unterdrückte Erinnerung festhielten. Als ich diese Stellen drückte, kamen die

Bilder an die Oberfläche, und sie war bereit, diese anzuschauen.

Sie wußte, daß sie diesen Vorfall in ihrem jetzigen Leben erschaffen hatte, um auf ähnliche Erfahrungen in ihrer Vergangenheit aufmerksam zu werden, Erfahrungen, die noch nicht geklärt waren. Zusammen gingen wir einige dieser Leben durch und lösten die falschen Glaubenssätze mit Hilfe der *pattern-removal*-Methode.

Es war also die Benutzung meines Kanals, durch den mir einer meiner Lehrer Zugang zu ihrem Unterbewußtsein verschaffte, so daß die falschen Glaubensmuster auftauchen konnten, die darin gelagert waren.

Eine meiner Freundinnen kam und klagte über die Haßliebe, welche sie mit ihrer Arbeitgeberin verband und die sie zur Verzweiflung brachte. Ich schaute mir die früheren Leben an, welche die beiden miteinander verbracht hatten, und konzentrierte mich auf das spezielle Leben, das ihre Gegenwart beeinflußte und stellte ihr eine Kassette mit 40 Pattern zusammen. Nachdem sie die Denkmuster aufgelöst hatte, verbesserte sich ihre Beziehung erheblich. Von Zeit zu Zeit kamen neue Aspekte an die Oberfläche, die sie aber durchaus handhaben konnte, da sie wußte, worin das zentrale Thema bestand. Seitdem hat sich ihre berufliche Stellung verbessert, und sie erfreut sich einer Beziehung, die auf Unterstützung, Vertrauen und Freundschaft beruht. Es waren nicht Jahre der Klärung nötig, um diese Ergebnisse zu erzielen.

Einmal empfahl ich einer Freundin, die sich von einer schwierigen Operation erholte, einen Chiropraktiker, den ich behandelte. Ihr Rücken, der häufig durch Autounfälle verletzt worden war, machte ihr Beschwerden, und sie wollte eingerenkt werden. Vor der Einrenkung bekam sie von ihm eine Massage. Danach äußerte sie sich begeistert darüber, wie viel Achtsamkeit, Liebe und Zartgefühl seinen Händen entströmt sei. Ich schaute sie verblüfft an, denn meine Erfahrung mit dem Chiropraktiker war anders gewesen. Am folgenden Tag hatte ich selbst bei ihm eine Behandlung, und zu meiner Verwunderung bemerkte ich auch die Veränderung.

Ich fragte ihn, ob seine Klienten einen Unterschied in seiner Behandlungsweise bemerkt hätten. Er antwortete: „Gewiß. Seit der letzten Behandlung bei Ihnen haben sich die Dinge verändert." Während dieser letzten Behandlung hatte ich ein Implantat entfernt, welches er während einer seiner lemurischen Leben empfangen hatte. Dies sind Gedanken-Implantate, welche ein spezifisches Gebiet ausschalten. Es betraf das Herz-Chakra, was bedeutete, daß nicht zugelassen wurde, daß sich dieses Liebeszentrum stärker öffnete. Heilende Energien werden aber durch das Herz-Chakra erschlossen, und da die Behinderung entfernt war, konnten die Herzensenergien frei von dort durch seine Arme und Hände in den Körper derer fließen, die er behandelte. Dies war aber nur eine Schicht, die beseitigt worden war. Man stelle sich vor, was geschieht, wenn der gesamte Herzbereich von allen Behinderungen befreit ist! Die Kraft kann dann durch das Licht, welches erschlossen wird, alle Hindernisse, die sich in den Weg stellen, hinwegschmelzen.

Das Unterbewußtsein muß bereit dazu sein, diese vergangenen Erfahrungen loszulassen, sonst kann man keinen Zugang zu ihnen erhalten. Behandlungen, welche die Bereitschaft dazu wecken, solche Hauptgebiete anzugehen, sind nötig. Man darf nicht von jeder Behandlung die Lösung eines Hauptproblems erwarten. Wenn man mit den Widerständen arbeitet, die vorhanden sind, und sieht, daß viele Bereiche davon betroffen sind, wird man den Unterschied feststellen. Wichtig ist die feste Entschlossenheit, die Bereiche, die auftauchen, vorbehaltlos anzuschauen.

Eine junge Frau kam zu mir und beschwerte sich darüber, daß eine ihrer Mitarbeiterinnen so grob und hinterhältig zu ihr war. Die Situation verschlechterte sich so sehr, daß sie nicht mehr arbeiten wollte. Alle ernsthaften Anstrengungen, die sie von sich aus unternommen hatte, um die Situation zu verbessern, waren umsonst gewcsen. Während der Sitzung mit ihr schaute ich die vergangenen Leben an, welche die beiden Frauen zusammen gehabt hatten. Was ich fand, gab eine Erklärung für die Schwierigkeiten, die sie in diesem Leben miteinander hatten. In einer früheren Inkarnation liebten beide Frauen denselben Mann. Die junge Frau betrachtete diesen Mann als „ihren Mann“. Und als sie ihre Kollegin mit ihm erwischte, kam es zu einem Handgemenge, und sie tötete sie schließlich.

Als ich meiner Klientin diese Inkarnation erzählte, bekam sie große Augen und stieß hervor: „Oh, ich war so wütend auf sie, daß ich ihr genau dies antun wollte, als ich erfuhr, wie sie meinem Chef Lügen über mich erzählte.“ Sie steckte fest in den gleichen Gefühlen von Betrug, Verletzung, Ärger und Rache wie damals und assoziierte sie mit dem, was jetzt geschah. Ich gab ihr einige Pattern, welche die negativen Gefühlsmuster lösten, und sie konnte gelassener werden und sich selbst und ihre Gegnerin entspannter erleben. Als ich in das frühere Leben schaute, konnte ich sehen, wie diese wütende Frau, die gerade ihre Gegnerin getötet hatte und keine Gewissensbisse empfand, sondern nur blinde Wut, ruhiger wurde, sogar kontemplativ, und um Vergebung bat. Als ich dies sah, wandelte sich die Schwingungsfrequenz meiner Klientin erheblich. Sie konnte nun eine Menge Wut, Zorn und Schuld loslassen.

Jetzt war sie frei, im Jetzt zu wählen, ob sie weiterhin mit dieser Frau arbeiten wollte, weil sie wußte, daß sie sich diesem Konflikt stellen mußte — oder gehen wollte. Sie fand, daß es nicht nötig sei, nur deshalb in einer mißlichen Lage zu bleiben, weil Karma aus der Vergangenheit da ist, welches bearbeitet sein will. Manchmal ist es leichter, Verwicklungen aus der Vergangenheit zu lösen, wenn man sich von demjenigen trennt, der damit zusammenhängt.

Ein Paar kam zu mir, das verzweifelt versuchte, zusammen zu bleiben, obwohl sie sich mit ihren gegenseitigen Angriffen fast umbrachten. Beide kannten ihre gemeinsamen früheren Leben und waren gewillt, ihr gemeinsam angehäuftes Karma durchzuarbeiten. Sie kannten jeweils die Schwächen des anderen und drückten ständig diese Knöpfe. Ihre Bindung schien so zusammengeschmiedet zu sein, daß sie durch nichts getrennt werden konnte. Als ich in ihre früheren Leben sah, erkannte ich eine starke Seelen-Bindung, die weit zurückreichte. Diese konzentrierte sich in einem Seelenversprechen, einander in diesem Leben zu helfen, die beiderseitigen falschen Glaubensmuster aufzulösen. Die Frau hatte zudem noch ein Muster des Mißbrauchs, welches sie allem Mißbrauch durch ihren Partner hilflos ausgeliefert sein ließ.

Als ich ihnen deutlich machen konnte, daß es in Ordnung war, dieses Seelenversprechen zu lösen und ihre Einstellung dazu zu ändern, waren sie in der Lage, sich zu trennen. Die Frau bekam Pattern für das Leben, das sie glauben gemacht hatte, mißbraucht werden zu müssen. Sie war damals von einem alkoholischen Vater geschlagen worden. Der Glaube aus jenem Leben, daß Männer immer solche schlagen, die hilflos sind, hatte in ihr jetziges Leben genau diesen Typ Mann gebracht.

Die Erfahrung aus diesem vergangenen Leben wurde durch viele andere ähnliche Leben verstärkt, die nun angeschaut und losgelassen werden mußten, ehe dieses Verhaltensmuster gelöst und geändert werden konnte. In diesem Fall waren viele Sitzungen nötig; aber sie ist jetzt ein freier Mensch, der im Jetzt wählen und mit einem gesunden Glaubenssystem arbeiten kann. Sie kann jetzt ihr Leben meistern, indem sie nur das zuläßt, was sie wirklich will.

Eines Tages wurde ich gebeten, ein Medium, welches sehr krank war und viele Meilen entfernt von mir lebte, fernzubehandeln. Ich hatte noch nie eine solche Behandlung durchgeführt, doch wußte ich, daß sie technisch möglich ist, da ich mit dem Energiekörper arbeite und diesen sehen kann und weil Zeit und Raum in den Dimensionen, in denen ich während einer solchen Behandlung arbeite, nicht existieren. Ich bat sie, sich bequem hinzulegen und sich während einer bestimmten Zeit, in der ich sie behandeln wollte, auf ihren Körper zu konzentrieren. Ich wußte nichts über sie, außer ihrem Namen. So bat ich sie darum, mir nach der Behandlung mitzuteilen, wie sie sich fühlte und ob sich ihr Zustand gebessert hat. Als ich die Behandlung begann, sah ich ihren Energiekörper und seine Blockaden und arbeitete daran, diese zu lösen. In den letzten 15 Minuten erregten ihre Beine meine Aufmerksamkeit, und ich begann, aus ihnen etwas herauszuziehen, was wie eine Kette kleiner menschlicher Gestalten aussah, die sich alle an den Händen hielten. Ich zog und zog und mußte endlich diese Kette durchtrennen, weil sie nicht aufzuhören schien.

Als mich das Medium ungefähr nach einer Stunde zurückrief, bestätigte sie, daß ihr die Behandlung geholfen habe, vor allem die letzten 15 Minuten erschienen ihr höchst wirkungsvoll. Ich sagte ihr, daß ich an ihren Beinen gearbeitet hätte, und sie wollte Genaueres wissen. Ich zögerte zunächst, doch sie beharrte darauf, und so erzählte ich ihr, daß mir das, was ich aus ihren Füßen gezogen hatte, wie ein Band kleiner Wesenheiten erschienen sei. Sie verstand sofort und sagte mir, daß sie Therapeutin sei und viele negative Schwingungen von ihren Patienten aufgenommen habe, die sie nicht loswerden konnte, bis sie schließlich krank wurde und diese Schwingungen auf diese Weise ausbrannte. Zwei Tage später erfuhr ich durch einen gemeinsamen Freund, daß sie wieder in bester Verfassung war.

Das Folgende ist ein wunderbares Beispiel dafür, wie Widerstand sich manifestieren kann. Man bat mich, eine Kassette für einen Mann zusammenzustellen, von dem ich nur den Namen wußte. Ich nahm mir vor, den wesentlichsten Bereich, der bearbeitet werden mußte, zu channeln. Nachdem ich die erste Seite besprochen hatte, kontrollierte ich diese kurz, um zu sehen, ob sie in Ordnung war. Sie war es. Als ich in der Mitte der zweiten Seite war, hörte ich immer wieder ein kreischendes Geräusch, und dann stieß der Rekorder die Kassette aus, und ich konnte mit ihr nicht weiter aufnehmen. Inhaltlich ging es gerade um elektromagnetische Implantate und wie diese sein jetziges Leben bestimmten. Zunächst klärte ich mich selbst, denn dies ist ein Bereich, an dem ich auch arbeite. Ich gab mir Pattern und versuchte es wieder. Es ging nicht. Ich fragte nochmals nach, was los war, und erhielt zur Antwort, daß es sich um äußere Einflüsse handle. Ich löste Pattern und versuchte es erneut. Vergeblich! Diesmal war ich frustiert und gab es auf, die Kassette zu beenden.

Früh am nächsten Morgen beschloß ich, die gute Seite der Kassette aufzubewahren und die andere Seite, welche die Störung ausgelöst hatte, nochmals zu channeln. Doch das gesamte Band streikte, und so beschloß ich, eine neue Kassette zu machen. Vywamus kam und gab dem Mann einige Pattern, um ein Gebiet zu klären, das mit viel Widerstand verbunden und stark mit Angst besetzt war. — Ich kontrollierte immer wieder die Kassette, da ich der Klärung des

Widerstandes nicht ganz traute. Sie war in Ordnung. Da ich immer noch einen Teil der ersten Kassette aufheben wollte, steckte ich diese in den Rekorder und schaltete ein. Es gab kein kreischendes Geräusch mehr und keine Störung. Das gesamte Band war klar und gänzlich frei von irgendwelchen Geräuschen.

Durch die Auseinandersetzung mit den Widerständen dieses Mannes (die gechannelten Pattern sind eine Struktur, die in die Astralebene eingreift) wurde die Kassette von allen Beeinträchtigungen befreit.

Ich hatte sogar Fälle, in denen ein ganzes Band gelöscht war oder bestimmte Teile fehlten, weil das Unterbewußtsein erbittert Widerstand leistete, wenn ein ganz bestimmtes Gebiet angesprochen war.

Gerta Butler

Gerta Butler

gehört zu den profiliertesten Übermittlern kosmischer Energien, die man *Channels* nennt.

Sie überbringt aber nicht nur die Worte der kosmischen Lehrer, sondern auch ihre heilenden Energien, was ihr besonders bei ihrer Körper/Energiearbeit zugute kommt. Auf diesem Gebiet ist sie Meister und hat in ihrer stillen Art schon vielen Menschen geholfen. Sie stellt ihr Können in Seminaren und Einzelsitzungen für Rückführungen in vergangene Leben in Verbindung mit der Auflösung falscher Denk- und Glaubensmuster, sowie für die Körperarbeit, die in diesem Buch beschrieben wird, und immer neu dazukommende Gebiete wie Lichtexpansion, Channelclearings und a.m. zur Verfügung.

Sie ist Deutsche, lebt jedoch in Sedona, USA, und besucht regelmäßig für einige Monate ihr Heimatland, die Schweiz und Österreich, wo sie gern arbeitet.

Wer an ihrer Arbeit interessiert ist und gern an einem Seminar teilnehmen möchte, wende sich bitte an folgende Adresse:

G. Butler, 2045, Buena Vista, Sedona, Az 86336 — USA

NEU:

DIE KOSMISCHEN LEHRER HÖREN...

Kassettenprogramm

gechannelt von *Christine Schmidt* und *Neerjo Riess*

Musik: *Josef Meier*
Graphik: *Josef Nysten-Riess*

Lenduce: Lichtmeditation
ISBN 3-924161-23-2
DM 26,—

Lenduce führt in eine wundervolle, sanfte Lichtmeditation zum Ausgleich der Chakren und der vier Körper.

Lenduce: Kreativität und Liebe
ISBN 3-924161-24-0
DM 26,—

Hier gibt Lenduce eine spezielle Meditation für das Kehlzentrum, das ja das Kreativitätszentrum im Feinstofflichen ist, und nimmt uns mit auf eine Reise zur Venus, den Planeten der Liebe.

Helios: Ein Sonnenstrahl heilt
ISBN 3-924161-25-9
DM 26,—

Helios ist uns allen sehr vertraut, denn er ist unsere Sonne, die allem hier Leben gibt. Und so zweigt sie hier einen Teil ihres Bewußtseins, sprich: einen Sonnenstrahl, ab, um unseren Körper und unsere 5 Sinne zu heilen.

Sanat Kumara:
Meditation für die Erde
ISBN 3-924161-26-7
DM 26,—

Sanat Kumara, der Logos unseres Planeten, gibt uns eine Meditation für die Erde, damit wir sie wieder lieben lernen und zu ihrer Heilung beitragen.